初めて学ぶ

建築構造力学

山田丈富　著
大貫愛子

市ヶ谷出版社

監修の言葉

　構造力学は積み重ねの学問である。だから順を追って学ばなければいけない。最初に自分には分かりそうもないという印象をもったり，簡単な疑問が解決できないと後々尾を引く，そして，もう理解できないとあきらめてしまう人も多い。そこで専門家の先生方にとっては当たり前の初歩のことでも，初心者には丁寧に説明し，初心者が自分にも分かると感じ，自然に理解が深まり，興味をそそられることが肝心なのではないか，そんなことを念頭において監修した。

　この本の監修を頼まれたときに，「構造」の専門家がやるべきではないかと愚見をはいたのを覚えているが，それでは分かりやすく丁寧に説明している本にならないといわれた。専門でない私がよく分かるように書いてあるか，一つ一つ判断しながら読むことが監修の重要な役割だということでお引き受けした。著者の方々は，何でここまで説明しなければいけないかと度々思われただろう。

　そして「初めて学ぶ　建築構造力学」がやっとできあがった。ページをめくってみると最初の方は簡単に分かりそうな気がする。しかし，後半は難しそうにみえる。特に最後の数章はいきなり見てもわからない。それは，構造力学が積み重ねの学問だからしょうがない。

　はじめの数章は，これでもかというほど丁寧に書いてある。理解できている人はどんどん先に進んでもらえばよい。しかし，ちょっと分からなくなったら，少しだけ元に戻って読み直して頂ければきっと理解できると思う。

　この本の良い処，自慢できる点は説明に飛躍のないことである。これほど順を追って，例題，問題，解説を並べている本もないだろう。例題をやり，その解説を丁寧に読んでいけば，自然と次の段階を理解することができる。理解の早い人にとっては，まだるっこしいかも知れないが，理解を確実なものにするのに役立つと思う。それでも学習が進んだ後半（6〜8章）は，前半ほど微に入り細に入る説明はなされていないが，ここまで到達した方々にはこれで十分理解できると考えている。

　建築の安全性を考える上で欠かせない重要な構造力学を人は難しい，難しいといっているが，実はそれほどでもないのだということを分かって頂き，楽しんで学んで頂けたらこの上ない幸せである。

平成 25 年 2 月　　　　　　　　　　　　　　　　　　　　　　　　　　　　　　小西　敏正

執筆にあたって

　現代において，建築は規模や形態の多様化が進んでおり，形や空間を構成するために建築構造の知識が必要となります．さらに，近年の大地震による建物被害の経験から建築構造に対する一般の人々の関心も高くなってきており，地震をはじめ，暴風，豪雪といった種々の外乱に対して安全で，建物の機能を保持する建物を造るために，建築構造の知識がますます重要となっています．

　本書は，初めて建築構造力学を学ぶ建築系の大学の学生を主な対象として，建築構造力学の基礎的な部分を分かりやすく記述しました．

　執筆に当たっては，初めて構造力学を学ぶ者が，つまずきやすいところに関し，解説やアドバイスなどを付け加えました．さらに他の部分との関連が分かるような注釈を右側に欄を設けました．また，随所に硬質のスポンジを使った模型で実際の構造物の変形を目で見て分かるようにして，内容を理解する上での補助となるように様々な丁寧な説明を心がけました．さらに，各節に例題を設けていますが，記号ではなく，数値を用いた例題とし，実際に数値で解くことによって理解できるようにしました．

　なお，専修学校，工業高等専門学校の教科書として使用することも念頭に置いているため，1章〜5章（力，静定構造物の反力・応力，断面の性質）などを特に詳しく記述しています．

　今回の刊行に際して，本書を監修された宇都宮大学名誉教授の小西敏正先生には，様々な的確な助言をいただきました．また，市ヶ谷出版社の澤崎明治氏には終始熱心に見守っていただき，あらゆる便宜を図っていただきました．

　本書を通して建築を志す全ての人が「構造力学」の基礎を十分理解していただきたいと思っています．そして，そのために本書が役に立つことを期待しています．

平成25年2月　　　　　　　　　　　　　　　　　　　　　　　　　　　　　山田　丈富

本書の使い方

　構造力学は積み重ねの学問であり，すべてが相互に関連しています。1箇所でも理解できないところがあると，その先へ進む意欲がそがれてしまいます。本書では，必要なところに関連する節やページ番号などを右側の注釈欄に記載し，いつでも関連する前の部分に戻れるよう便宜を図っています。

　最初から確実に，行きつ戻りつ，繰り返し学習することにより，次第に構造力学の素養が身についていくことを意図しています。

　構造力学は，将来，建築物の構造設計や施工管理などの職業に就く者には必須な内容ですが，それ以外の建築系の学生にとっても，次のような利点がありますので，一つ一つ辛抱強く学んでいってください。

・建築物の構造的な安全性に関する感覚が身につく。
・一級および二級建築士だけではなく，種々の建築に関わる資格の受験における構造力学分野の問題が分かるようになる。
・論理的な思考が身につく。

　以下に各章の内容を示します。
　1章「概要」は，構造力学の必要性を学び，荷重や構造物のモデル化について学びます。
　2章「力のつり合い」は，力の定義に始まり，それらの合成や分解，力のモーメントの考え方，および力のつり合いについて学びます。
　3章「静定構造物の反力と応力」は，静定構造物に荷重が作用した場合の，反力と部材に発生する応力の求め方を学びます。この計算を行うことにより，目に見えない力の流れをイメージできるようにします。
　4章「断面の性質」は，応力から応力度に換算する際や変形を計算する際に必要となる種々の断面定数の求め方を学びます。それにより，どういう断面が強く，変形しにくいのかを理解します。
　5章「応力と応力度」は，部材に発生する応力を許容応力度設計の際に必要な応力度に換算する方法を学びます。
　6章「構造物の変形」は，構造物の変形の求め方や，様々な変形計算方法を学びます。
　7章「部材設計」は，許容応力度設計の考え方を学びます。
　8章「不静定ラーメンの解法」は，つりあい条件だけでは反力や応力が求められない不静定構造物の応力計算法について学びます。
　付録　各種の公式や三角関数表などを掲載してあります。
　重要用語　本文中に赤い太文字で示した重要な用語の索引

　なお，2章と3章については，「演習ノート」を用意していますので，授業だけでなく，自習にも役立ててください。

初めて学ぶ　建築構造力学

目　次

第1章　概　要 ———————————————————— 1
 1・1　建築構造の役割 ———————————————— 2
 1・2　構造設計と構造力学 —————————————— 3
 1・3　構造物のモデル化 ——————————————— 6
 1・4　構造物の分類 ————————————————— 12

第2章　力のつり合い ———————————————— 15
 2・1　力の合成と分解 ———————————————— 16
 2・2　力のモーメント ———————————————— 24
 2・3　力のつり合い ————————————————— 27
 2・4　力のつり合い条件式 —————————————— 30

第3章　静定構造物の反力と応力 ——————————— 39
 3・1　片持ち梁 ——————————————————— 41
 3・2　単純梁 ———————————————————— 68
 3・3　片持ち梁形ラーメン —————————————— 79
 3・4　単純梁形ラーメン ——————————————— 90
 3・5　門形ラーメン ————————————————— 93
 3・6　3支端ラーメン ———————————————— 96
 3・7　3ヒンジラーメン ——————————————— 98
 3・8　静定トラス ————————————————— 101
 3・9　様々な構造物 ———————————————— 107

第4章　断面の性質 ———————————————— 109
 4・1　断面積 ——————————————————— 110
 4・2　断面一次モーメントと図心 —————————— 111
 4・3　断面二次モーメント ————————————— 115
 4・4　断面係数 —————————————————— 121
 4・5　種々の断面定数 ——————————————— 123

第 5 章　応力と応力度 — 125
　　5・1　軸力による応力度 — 127
　　5・2　曲げモーメントによる応力度 — 128
　　5・3　せん断力による応力度 — 130

第 6 章　構造物の変形 — 131
　　6・1　簡単な構造の各種変形 — 132
　　6・2　弾性曲線式による解法 — 137
　　6・3　モールの定理による解法 — 140
　　6・4　仮想仕事法による解法 — 142

第 7 章　部材設計 — 149
　　7・1　許容応力度設計 — 150
　　7・2　引張軸力に対する設計 — 151
　　7・3　曲げモーメントに対する設計 — 152
　　7・4　せん断力に対する設計 — 155
　　7・5　圧縮力（座屈）に対する設計 — 156

第 8 章　不静定ラーメンの解法 — 159
　　8・1　安定・不安定、静定・不静定の判別 — 161
　　8・2　仮想仕事法 — 164
　　8・3　たわみ角法 — 168
　　8・4　固定法 — 176
　　8・5　剛性マトリックス法 — 183

付　録 — 187

重要用語 — 191

[構造力学で扱うおもな量記号 — vi]

```
執筆担当
　山田丈富　1, 3, 4, 5, 6, 7, 8 章
　大貫愛子　2 章，各章の扉
```

構造力学で扱うおもな量記号

量	量記号	単位	備　考
長さ	l, L	m	length
面積	A	m^2	area
体積	V	m^3	volume
質量	m	kg	mass
密度	ρ	kg/m^3	
力	F, P, W	N	force, power, weight
力のモーメント，曲げモーメント	M	Nm	moment
圧力	p	Pa, N/m^2	pressure
応力度，垂直応力度	σ	N/m^2	
せん断応力度	τ	N/m^2	
ひずみ度，伸び率	e, ε	1	
ポアソン比	μ, ν	1	
ヤング係数	E	N/m^2	
断面二次モーメント	I	m^4	
断面係数	Z	m^3	

ギリシャ文字とその使用例

大文字	小文字	読み方	一般数理	構造力学
A	α	アルファ		
B	β	ベータ		
Γ	γ	ガンマ		せん断ひずみ度
Δ	δ	デルタ		変位，たわみ
E	ε	イプシロン		（垂直）ひずみ度
Z	ζ	ツェータ		
H	η	イータ		
Θ	θ	シータ	角　度	たわみ角
I	ι	イオタ		
K	κ	カッパ		形状係数
Λ	λ	ラムダ	波　長	細長比
M	μ	ミュー	摩擦係数	
N	ν	ニュー		ポアソン比
Ξ	ξ	クシイ		
O	o	オミクロン		
Π	π	パイ	円周率	
P	ρ	ロー	密　度	
Σ	σ	シグマ		垂直応力度
T	τ	タウ		せん断応力度
Υ	υ	ウプシロン		
Φ	ϕ	ファイ		直径，節点角
X	χ	カイ		
Ψ	ψ	プサイ		部材角
Ω	ω	オメガ		

第1章 概要

1・1　建築構造の役割

建築物は，風・雪・地震などの過酷な環境や外敵から人を守ることから始まり，自然条件や時代によって様々に変遷し，現代では，用途に応じて快適で使いやすく美しく，かつ建物の内外共に安全であるものになっている（図1.1）。

建築の構造は，建物のかたちを成立させ，地震，風，雪などの外乱から人命や財産を守る大切な役割を担っている。

図 1.1　建物に作用する力

図1.2は一般的な建築物だが，通常(a)のように表面は仕上げ材で覆われ，その構造部分は見えない。同じ建物の仕上げ材を剝ぎ取ってみると，同図(b)のように，鉛直材の柱と水平材の梁が格子状に組合わさった骨組によりできている。

この骨組が構造部分で，建物自重および人や家具などの積載物を支え，地震，風，雪などの外からの力である外乱に抵抗するものになっている。

(a) 外観

(b) 構造骨組

図 1.2　一般的な建物

●図1.2(a)：
9階建ての建物です。

●図1.2(b)：
(a) の建物の施工途中の写真です。中央に見える塔状のものは建設用のタワークレーンです。

1・2 構造設計と構造力学

　前述の建築構造の役割を果たすために，建設前に構造設計を行う。構造設計では，建築物の骨組の材料，部材の組み方や形を定め，それらが安全であることを検証する。その中で，想定した荷重に対して，構造物・構造部材・接合部の変形や強度に関して計算を行って安全性を検証する。

　日本は世界有数の地震発生国であり，想定する荷重の内，地震による荷重に対する検討が最も重要となっている。

　明治以降，地震の発生と耐震設計規定の強化を繰り返してきたことからも分かる（図1.3）。

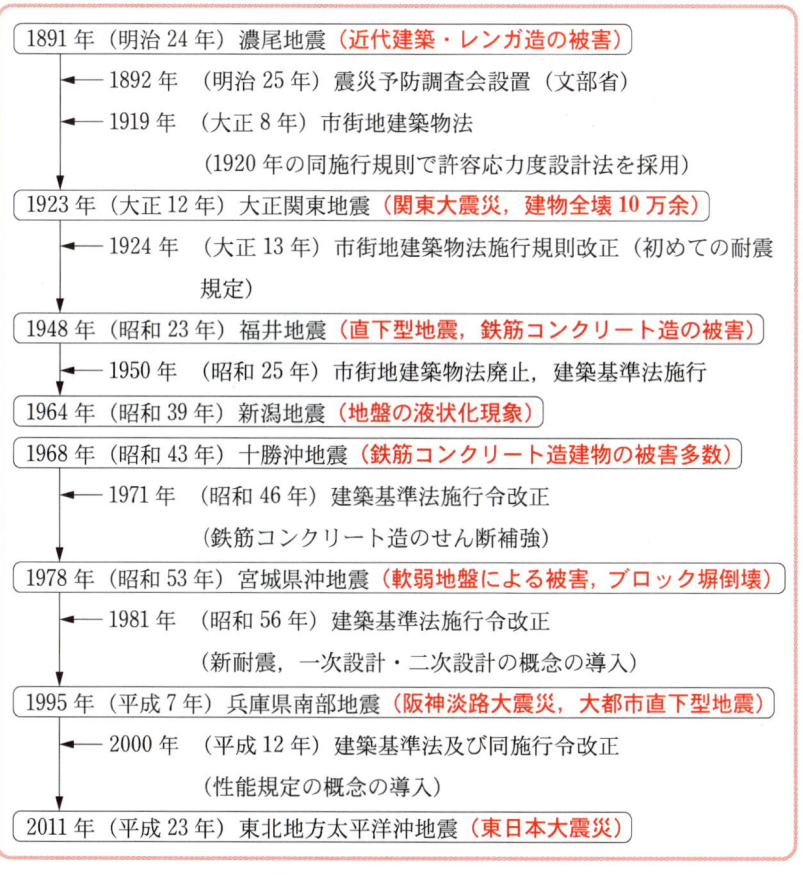

図1.3　大地震と耐震規定の変遷

(a) ブレースの破断　　　(b) アンカーボルトの破断　　　●写真撮影：千葉工業
図 1.4　地震によって大破・転倒した建物　　　　　　　　大学　山田研究室

　図 1.4 は兵庫県南部地震における建物の被害例である。このような被害を受けないためにも，建築設計の中で構造設計は大変重要な役割を担っている。

　近年においても，震度 6 以上の地震として，1995 年の兵庫県南部地震に引き続いて，2000 年の鳥取県西部地震，2001 年の芸予地震，2003 年の十勝沖地震，2004 年の新潟県中越地震，2005 年の福岡県西方沖地震，2007 年の能登半島地震，新潟県中越沖地震，2008 年の岩手・宮城内陸地震，2009 年の駿河湾地震，2011 年の長野北部地震，静岡東部地震，東北地方太平洋沖地震（東日本大震災）が発生し，さらにその余震でも震度 5 以上の地震が多発している。

　このように日本においては，今後も構造物の安全性の確保の上で，地震に対処することが重要課題となっている。

　構造設計において，地震などの荷重が作用した場合に，構造物に発生する力を評価する際に，本書で扱う**構造力学**を使うことになる。

　したがって，構造力学は，建築物の安全性を検証するために必要な部分を担っている。

構造設計（許容応力度設計）の流れを本書の章と対応させて図1.5，図1.6に示す。

本書の各章が，構造設計のどの部分に対応するのかを概略理解しよう。

● 構造設計（許容応力度設計）についての詳細は，7章で解説する。

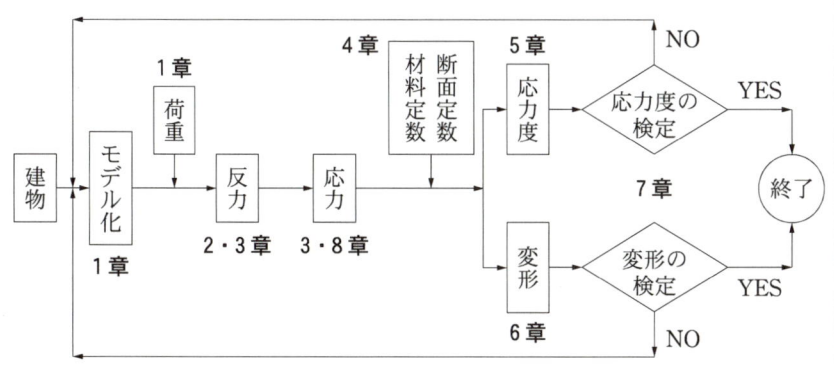

図1.5 構造設計（許容応力度設計）の流れと本書の章立て

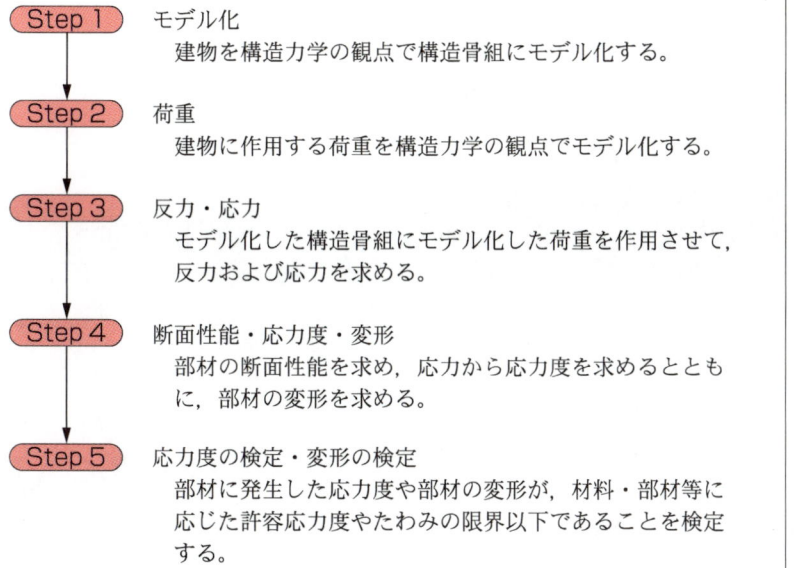

Step 1 モデル化
建物を構造力学の観点で構造骨組にモデル化する。
● 1章

Step 2 荷重
建物に作用する荷重を構造力学の観点でモデル化する。
● 1章

Step 3 反力・応力
モデル化した構造骨組にモデル化した荷重を作用させて，反力および応力を求める。
● 1章
● 2・3・8章

Step 4 断面性能・応力度・変形
部材の断面性能を求め，応力から応力度を求めるとともに，部材の変形を求める。
● 4章，5章
● 6章

Step 5 応力度の検定・変形の検定
部材に発生した応力度や部材の変形が，材料・部材等に応じた許容応力度やたわみの限界以下であることを検定する。
● 7章

図1.6 構造設計（許容応力度設計）の手順

1・3 構造物のモデル化

(1) 構造骨組と部材のモデル化

実際の建築物の仕上げ材をとり，構造部分だけにしたものが**構造骨組**（図1.7上）である。

これを構造力学では，図1.7下のように柱や梁といった**部材**を1本の線にモデル化する。

その際，部材断面には広がりがあるので，その断面の中心である**図心**位置に断面を集約して線材とする。これを**線材置換**という。

●断面の集約：鉄筋コンクリート構造の場合，断面せいの1/2のところに集約する場合がある。
図心は4章参照。

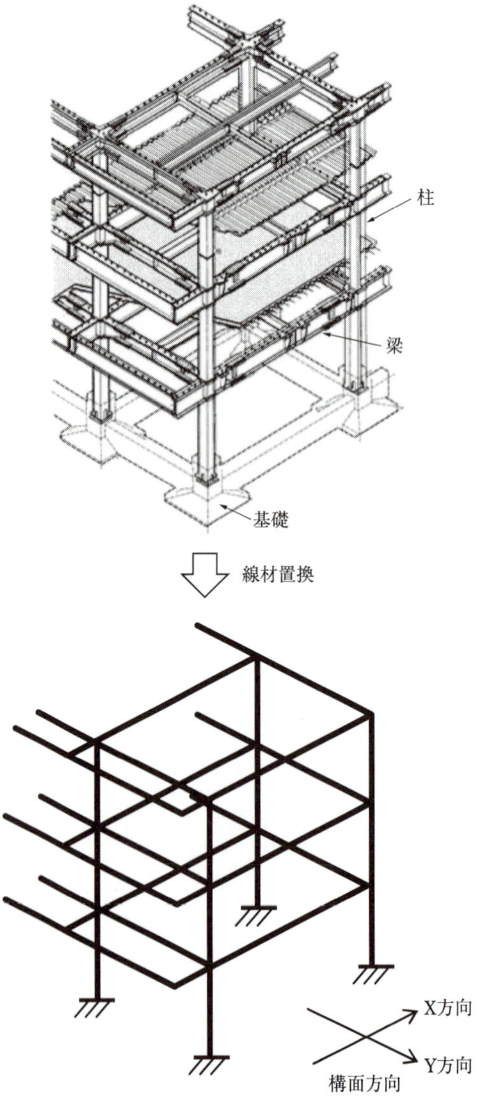

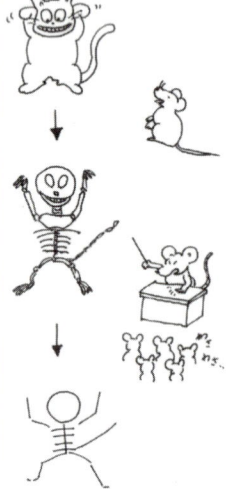

図1.7 構造骨組とそのモデル化（立体骨組）

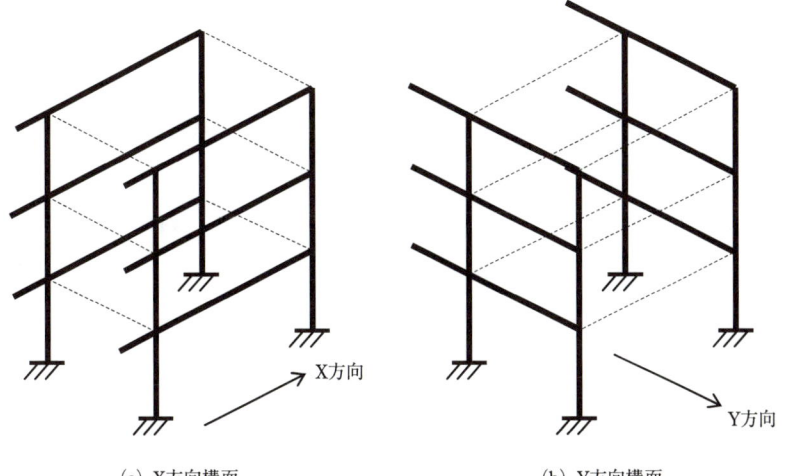

(a) X方向構面   (b) Y方向構面

図 1.8 構造骨組の平面化（2次元化）

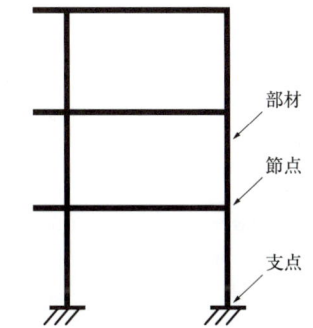

図 1.9 構造骨組のモデル化（平面骨組）

図1.7下は3次元の**立体骨組**で，コンピュータによる数値解析をする際はこのままの形で計算する場合があるが，本書で扱うように，さらに，図1.8のように2次元の**平面骨組**にする。

平面骨組の一つを取りだした図1.9において，骨組を構成する線材の要素を**部材**といい，**部材**と部材の接合点を**節点**という。また，地盤に支えられている点を**支点**という。

このような形にすることを，**構造のモデル化**という。

一般に，部材の重量（自重）は無視する。

● 図1.9の平面骨組は，構造骨組の立面図を示す。

● 自重を考慮する場合は荷重として与える。

（2） 部材と部材の節点のモデル化

部材の接合形式には，**剛接合**と**ピン接合**がある。

剛接合は，接合される部材が節点で完全に一体化しているもので，部材が変形した後も，節点における部材間の角度は変わらないものと仮定する。

剛接合による節点を**剛節点**といい，図 1.10(a) のように表示する。

● 3.3〜3.8 節

一方，ピン接合は部材間の角度が自由に変化する（自由に回転する）ものと仮定する。ピン接合による節点を**ピン節点**あるいは**ヒンジ**とも呼ばれ，図 1.10(b) のように○で表示する。

● 3.7 節

図 1.11 は剛節点の鉄骨構造の実例で，柱と梁を溶接によって一体化して，部材相互に回転しないようになっている。

また，剛接合とピン接合の中間の性質を持つ**半剛接合**もあるが，本書では取りあげていない。

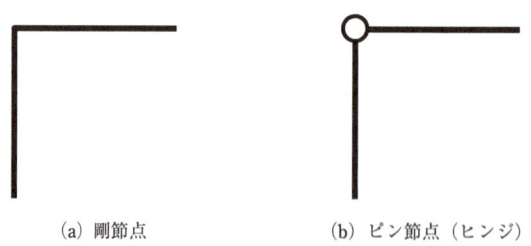

(a) 剛節点　　　　　(b) ピン節点（ヒンジ）

図 1.10 節点のモデル化

● ピン節点のイメージ

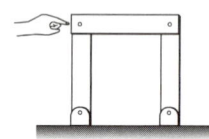

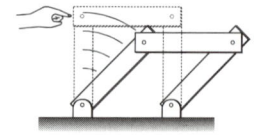

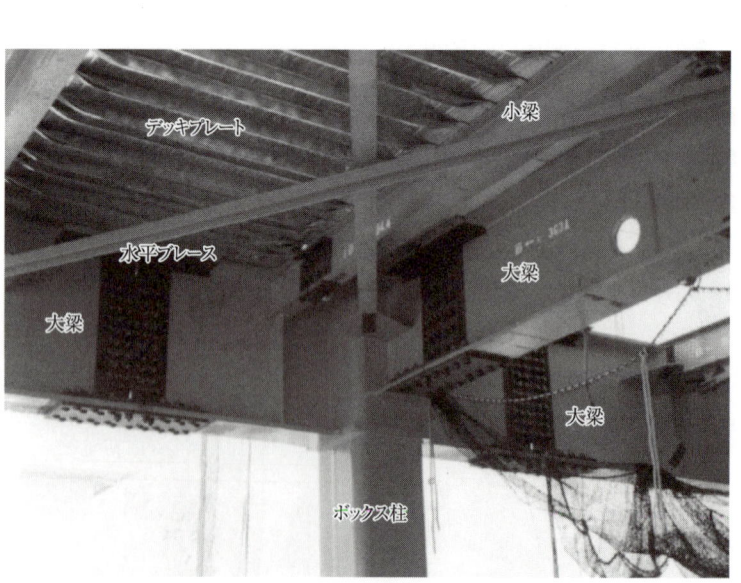

図 1.11 鉄骨造の柱梁接合部（剛接合）

（3） 支点のモデル化

構造物が地盤に支えられている点を**支点**という。支点は図 1.12 のように，変形の拘束の状態によって，**固定端，ピン端，ローラー端**の 3 種類にモデル化し，それぞれ図中の記号のように表示する。

それぞれ変形を拘束する方向に，地盤から図 1.13 に示す太い矢印のような力（反力）を受ける。

●力は 2 章参照。
 反力は 3 章参照。

図 1.12(a) の固定端（固定支点ともいう）は，上下・左右の移動も回転もしないもので，上下方向，左右方向，回転方向の 3 つの反力が生じる。

(b) のピン端（ピン支点ともいう）は，上下・左右の移動はしないが，回転はするもので，上下方向，左右方向に 2 つの反力が生じる。

(c) のローラー端（ローラー支点ともいう）は，上下に移動しないが，左右への移動と回転をするもので，上下方向に 1 つの反力が生じる。

なお，△の下の＿は，この方向に移動することを示す。

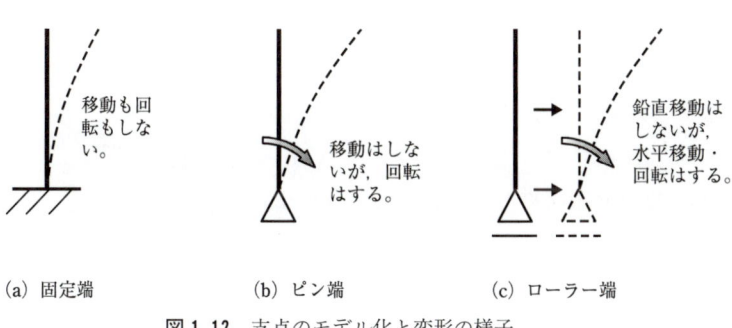

(a) 固定端　　(b) ピン端　　(c) ローラー端

図 1.12 支点のモデル化と変形の様子

●固定端：反力 3 つ
 ピン端：反力 2 つ
 ローラー端：反力 1 つ

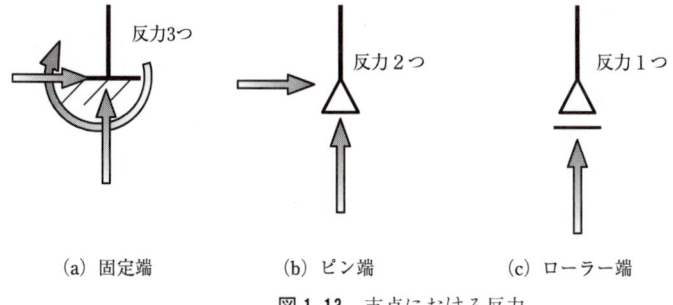

(a) 固定端　　(b) ピン端　　(c) ローラー端

図 1.13 支点における反力

（4） 荷重のモデル化

　建物に作用する荷重としては，常時作用している荷重として，建物自体の自重である**固定荷重**および建物内の人や家具などの**積載荷重**がある。また，短い時間に作用するものとして，**地震荷重，風荷重**および**雪荷重**などがある。

　固定荷重や積載荷重は，図1.14のように，床の上に分布する荷重として存在し，それが大梁や柱などの部材に伝達されていく。

　地震は，地盤の揺れによって建物が振動する現象だが，建物に被害をもたらす力は振動による慣性力である。慣性力は加速度に質量を掛けて求められるが，建物は通常床位置に質量が集中しているので，図1.15のように，階の床レベルに水平力を作用させるモデル化を行う。

　雪荷重は，図1.16のように，建物の屋根に積もるので屋根のこう配や雪おろしの有無を考慮されるし，風向きによる雪の偏在も影響する。

　風荷重は，図1.17のように，風向きと建物形状によって，建物の面に作用する大きさや向きが変わってくる。さらに，地震荷重と同様に水平力として建物に作用する。

　このように様々な荷重の形式があるが，構造力学では，荷重の形式を，**集中荷重，分布荷重**あるいは**モーメント荷重**としてモデル化する。図1.18に，モデル化した荷重の形式の例を示す。

　分布荷重（**等分布荷重・三角形分布荷重**）は，単位長さ当たりの力で表す。

● 力については，2章で学習する。
ここでは，力は矢印で表示すると考えていただきたい。

● モーメントについては，2章で学習する。

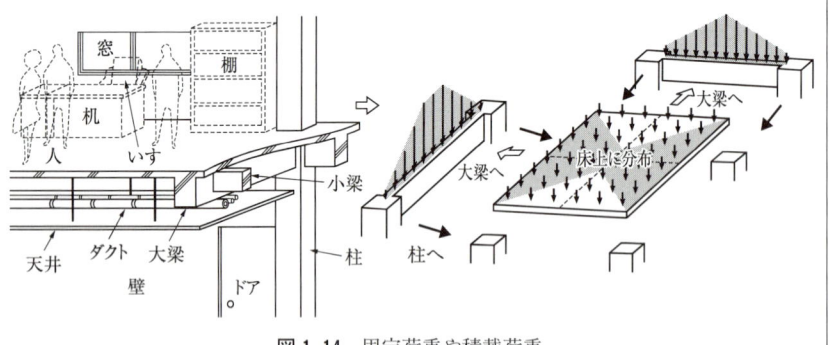

図1.14　固定荷重や積載荷重

1・3 構造物のモデル化 11

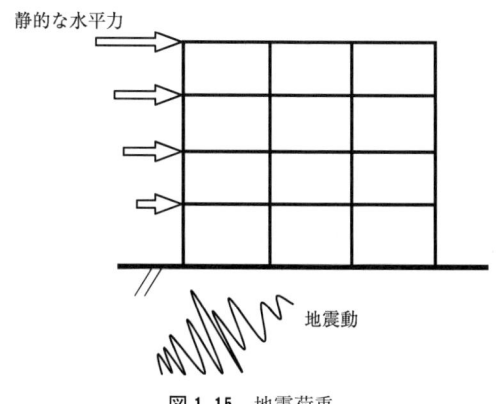

図1.15 地震荷重

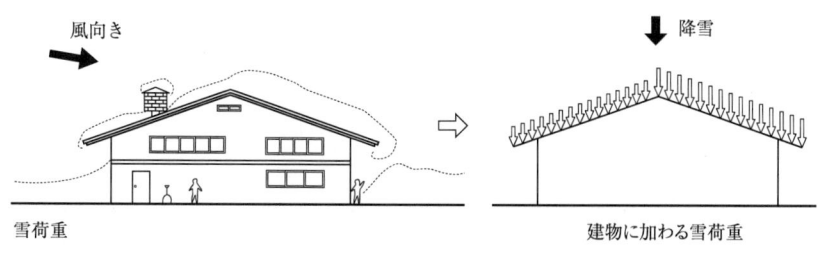

図1.16 雪荷重

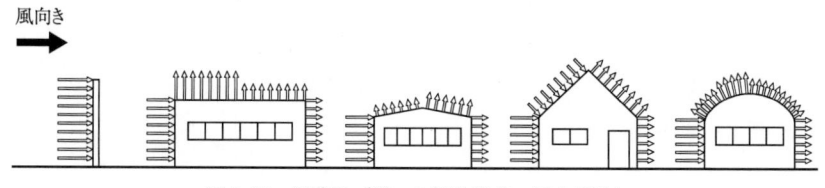

図1.17 風荷重（様々な建物形状の風力係数）

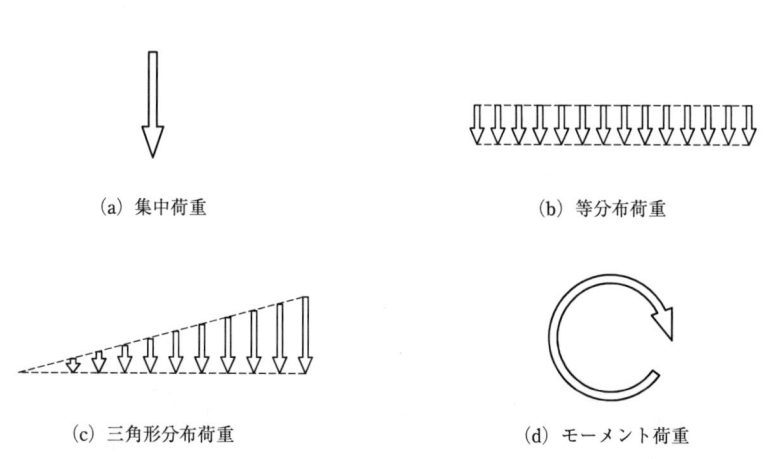

(a) 集中荷重　　　　(b) 等分布荷重

(c) 三角形分布荷重　(d) モーメント荷重

図1.18 荷重のモデル化

1・4 構造物の分類

(1) 構造形式

構造物の形式は，次の 4 タイプに分けられる。これらのうち，1) と 2) を合わせて，**骨組構造**という。

1) ラーメン構造
2) トラス構造
3) 壁式構造
4) 併用構造

構造物は 3 次元の立体構造だが，一般的には 2 次元の平面骨組で構造設計を行うことから，本書は平面骨組で説明する。

ラーメン構造は，図 1.19(a) のように柱・梁などの部材の節点が剛節点である構造で，力学的には主として部材の曲げ抵抗によって外力に抵抗する構造である。

トラス構造は，図 1.19(b) に示すように，三角形を組み合わせて構成した骨組で，部材の節点がピンで接合され，引張力，圧縮力などの部材の軸方向抵抗によって外力に抵抗する構造である。

壁式構造は柱や梁のような線上の部材ではなく，図 1.19(c) に示す鉄筋コンクリート構造の耐力壁のような面材で構成された構造である。

併用構造は，主としてラーメン構造とトラス構造の併用で，図 1.19(d) のように，ラーメン構造の一部に筋交い（ブレースともいう）を組み込む筋交い付ラーメン構造が代表例としてあげられる。

● ラーメン：ドイツ語で Rahmen といい，額縁，枠の意味。

● トラス構造の場合，一般にピン節合なので，○の記号は省略して表示する。

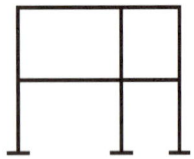
(a) ラーメン構造

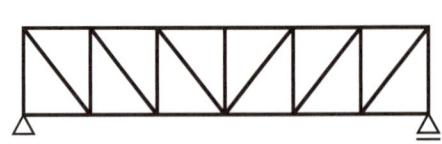
(b) トラス構造

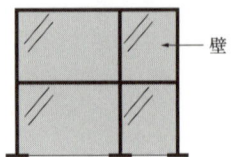
(c) 壁式構造

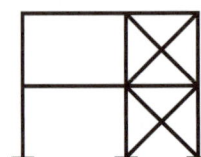
(d) 併用構造（筋違い付ラーメン構造）

図 1.19 構造形式

構造力学では，構造物を図 1.20 のように分類する。

不安定構造は，荷重が無くても変形してしまうので，構造物には使えない。構造物としては，**安定構造**が使われる。

安定構造には，**静定構造**と**不静定構造**があり，静定構造は，2 章で学ぶ力のつりあい条件で，反力や応力が求められる構造である。

不静定構造は，力のつりあい条件に加えて，変形の適合条件を考慮しないと反力や応力が求められない構造のことである。それぞれ，3 章と 8 章で反力や応力の求め方を学ぶ。

● これらの構造の判別は，8.1 で解説する。

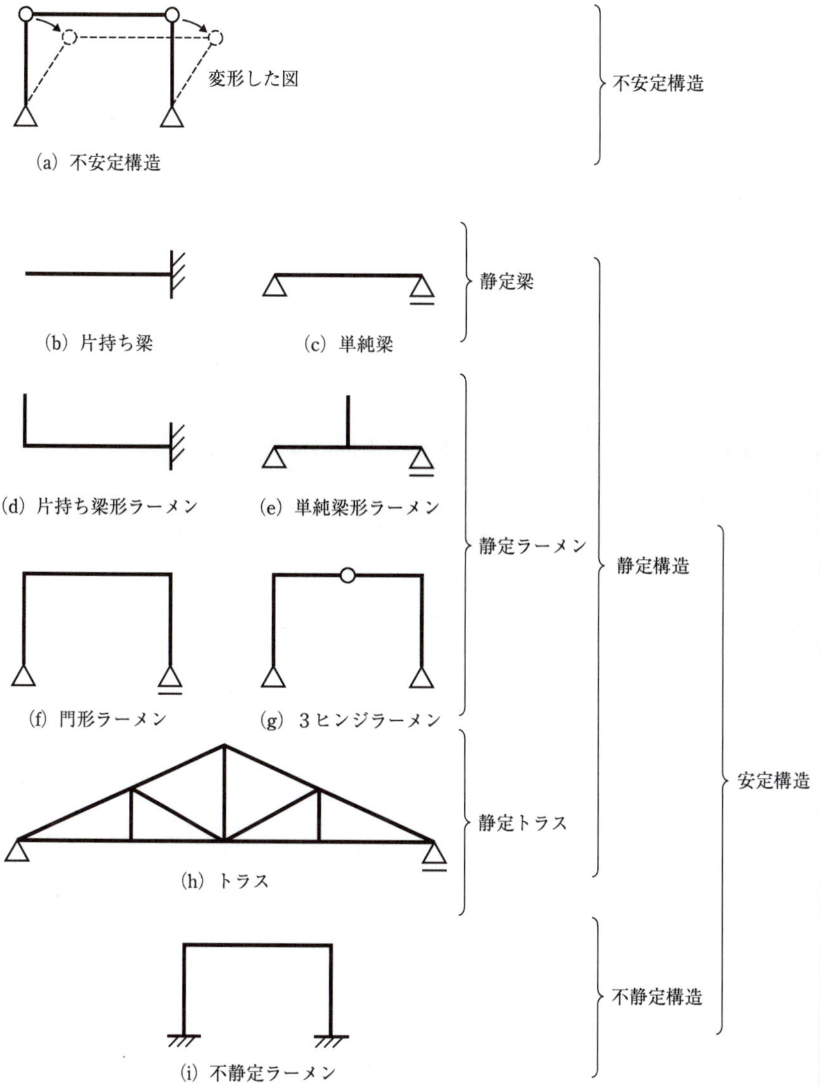

図 1.20　構造力学による構造物の分類

Topics　構造力学の発展

紀元前に，アルキメデス（紀元前287～212年）が「てこの原理」をつり合い条件から証明しているが，近代の構造力学の曙光は，15世紀のイタリアのルネッサンスにおいて活躍したダ・ビンチ（1452～1519年）にさかのぼる。　●2章

彼は，力の合成，力の大きさと方向に関する理論，作用と反作用の問題，力のつり合いおよびモーメントの原理なども，残されたメモから理解していたことが分かっている。　●2章

材料力学の祖として知られているのは，ガリレオ（1564～1642年）であり，構造材料の機械的性質や梁の曲げ理論を論じた材料力学における最初の刊行物を1638年に出版している。　●6章

ロバート・フック（1635～1703年）は，構造材料に力が加わると，長さの変化が生じ，その変化は力の大きさに比例するという「フックの法則」を示し，その後の弾性体力学の発展の基礎となった。

ニュートン（1642～1727年）の微分・積分の考えを力学に応用し，弾性体の梁のたわみ曲線を考察したのは，ヤコブ・ベルヌーイ（1654～1705年）である。　●6章

オイラー（1707～1783年）がこれをさらに発展させている。

オイラーは，細長い棒材が圧縮力を受ける場合に，突然横方向にはみだす座屈現象を理論的に考察している。　●7章

不静定構造物の解法については，ナヴィエ（1785～1836年）が1825年に連続梁の解析を行い，マックスウェル（1831～1879年）が1864年に仮想仕事の定理を用いて骨組の変形を求める一般理論を確立した。　●8章

表 1.1　材料力学・構造力学の発展

世紀	人物	業績
紀元前三世紀	アルキメデス	てこの原理・力のつり合い
一五世紀	ダ・ビンチ	力のつり合い
一六世紀	ガリレオ	梁の理論
一七世紀	ニュートン　フック	微分・積分　フックの法則
一八世紀	ベルヌーイ　オイラー	梁のたわみ曲線　梁のたわみ曲線・座屈理論
一九世紀	ナヴィエ　ポアソン　カスチリアーノ	連続梁の解析　仮想仕事の法則　最小仕事の定理
二〇世紀	マックスウェル	仮想仕事の定理による一般解法

●このように，これから学ぶ構造力学の基礎的な部分は，16世紀に始まり，19世紀までの多くの人々の成果により成り立っている。

第2章
力のつり合い

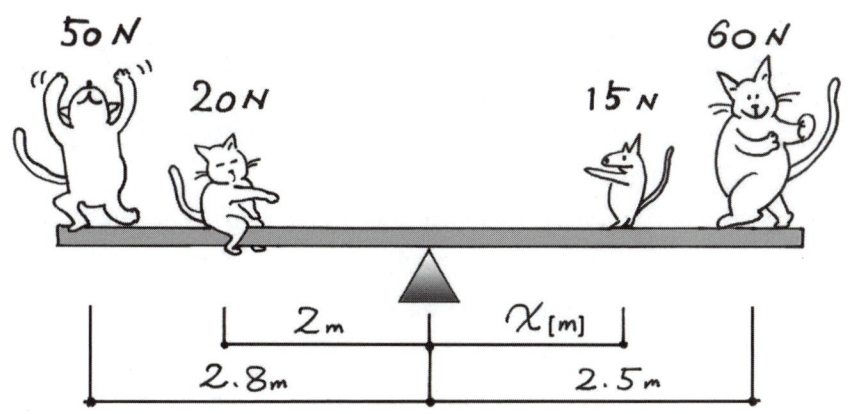

2・1　力の合成と分解

2.1.1　力とは

物体を動かしたり，物体を変形させたりする作用（働き）のことを，**力**という。

力を図に示す場合，矢印（ベクトル）で表し，その力が

① どの向きに働いているのか
② どのくらいの大きさなのか
③ どこに働いているのか

を示す。これらを「**力の3要素**」と呼ぶ。

> **Point**
>
> **力の3要素**
> ① 力の作用方向　… 矢印の向きで表す
> ② 力の大きさ　　… 矢印の長さで表す
> ③ 力の作用点　　… 矢印の始点または終点で表す
>
> ※ 作用方向の線を，作用線という。

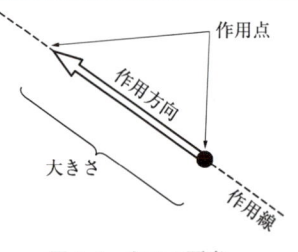

図 2.1　力の3要素

2.1.2　力の単位

力の大きさを表す単位には，**N**（ニュートン）または **kN**（キロニュートン）を用いる。

> **Topics　質量と重さ**
>
> **質量**とは，天秤によって量られる物体そのものの重さの度合いのことで，単位は [kg] を用いる。
>
> **重さ**とは，地球上では地球によって引っ張られて質量に比例して働く重力の大きさのことで，質量 m [kg] の物体に働く重力 F [N] は，重力加速度 g [m/s²]（$g=9.80665\cdots$ m/s²）をかけて，
>
> $$F = mg$$
>
> で求められる（N=kg・m/s²）。普段の生活では，「質量」と「重さ」を区別しないで使っているかもしれないが，力学で扱う重さとしての「力・荷重」は，物体に働く重力の大きさ（重さ）である。
>
> 質量1 kgの物体に働く重力の大きさは，9.80665…N なので，
>
> 1 N は，$\dfrac{1}{9.80665} \times 1000 = 101.971\cdots$ g（約 100 g）の物体に働く重力の大きさ

- 高校までの数学と力学でのベクトルの扱いには相違点がある。数学では，ベクトルは大きさと向きのみで定義され，平行移動しても変わらないものとして扱う。
一方，力学では，力を示す矢印を平行移動するとその作用が変わってしまい，平行移動はできない。そのため，作用点・作用線の概念が重要になる。
（p. 17 Topics 参照）

- 力の作用線は，力の前後の延長線で示す。

- k（キロ）は，1,000 倍を表す記号である。
1 kN=1,000 N

1 kN は，101.971…kg（約 100 kg）の物体に働く重力の大きさと考えるとよい。

あなたの体に働く重力の大きさは，何 N・何 kN だろうか？

例えば，60 kg の人ならば，60×9.80665＝588.399 なので，約 588 N，0.59 kN である。

Topics　ベクトルの種類

力のように大きさと向きをもつ量を，**ベクトル**という。

数学で学んだベクトルは，向きと大きさで定義され，平行移動できる。このようなベクトルを，**フリー・ベクトル**という。

一方，力学において，力を対象として力のつり合いを考える場合は，力の向きと大きさに加えて，作用線を考えなければならない。このようなベクトルを**スライディング・ベクトル**という。力を作用線上で移動させても同等の効果となるが，作用線外に平行移動すると作用が変わってしまう。

また，構造物の応力や変形のように，力の作用する点の影響が生じる場合には，力の向きと大きさに加えて，作用点を考えなければならない。このようなベクトルを**フィックスド・ベクトル**といい，力を作用線上で移動させると，作用が変わってしまう。

例題 1　合計の力

図 2.2 に示すように，同じ力の猫が何匹かで 1 つの荷物をロープで引っ張っている。どの場合が，合計の力が最も大きくなるか考えてみよう。

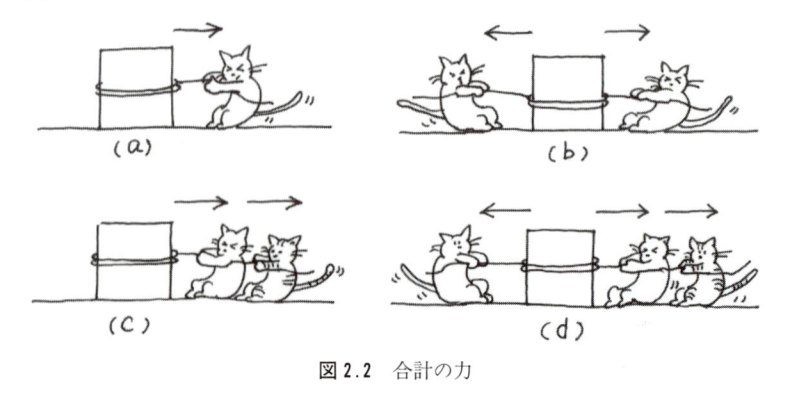

図 2.2　合計の力

解説　(b) は，二匹が逆向きに引き合っているので，力が打ち消される。

(c) は，二匹が同じ向きに引っ張っているので，(a) の 2 倍の力になる。

(d) は，左向きの一匹と右向きの一匹で (b) のように打ち消し，力の合計は (a) と同じになる。

よって，合計の力が最も大きいのは，(c) である。

● 合計の力
　＝荷物が受ける力

● 作用点は，物体の重心とする。
　この場合の複数の力の作用点は同じである。

● 力の作用線が同じなので，単純に力を合計できる。
　作用点が同じで作用線が異なる場合には，単純な和・差では合計の力を求めることはできない。

2.1.3　力の合成・力の分解

物体に，いくつもの力が同時に作用したとき，物体に働く合計の力はどうなるだろうか。

2 つ以上の力をまとめて，これと同じ効果をもつ（等価な）1 つの力として表すことを **力の合成** といい，合成した力を **合力** という。合力は記号では R で表す。

また逆に，1 つの力を，これと同じ効果をもつ 2 つ以上の力として表すことを **力の分解** といい，分解した力を **分力** という。

> **Point**
>
> **力の合成・力の分解**
> ○力の合成 … 2 つ以上の力を，同じ効果をもつ 1 つの力として表す
> 　　　　　　⇒　合力
> ○力の分解 … 1 つの力を，同じ効果をもつ 2 つ以上の力として表す
> 　　　　　　⇒　分力

まず例題 2 で，作用線が同じ 2 つ以上の力を合成・分解する方法を学ぶ。

例題 2　作用線が同じ力の合成

図 2.3 に示すように，猫と犬で 1 つの荷物をロープで引っ張っている。

猫と犬の力の合力の大きさ P [N] と向きを求めてみよう。ただし，図の 1 マスを 5 N とする。

(a) 同じ方向に引っ張った場合　　　(b) 逆の方向に引っ張った場合

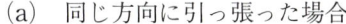
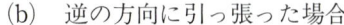

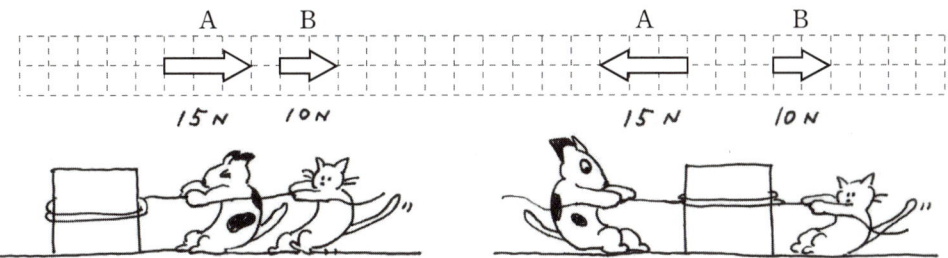

図 2.3　作用線が同じ力の合成

解説　① 図で求める方法（図解法）

作用線が同じ 2 力の合力は，それらをつなぎ合わせることにより求める事ができる。A の矢印の終点に B の矢印の始点をつなげる（B と同じ大きさ・同じ向きの矢印を描き入れる）と，A の矢印の始点から B の矢印の終点までが合力となる。

(a) の合力は右向きで，大きさは 5 マスなので 25 N，(b) の合力は左向きで，大きさは 1 マスなので 5 N である。

● 作用線の方向が異なる力の合成については，p.20 参照。
● 作用線が平行な力の合成については，p.26 参照。

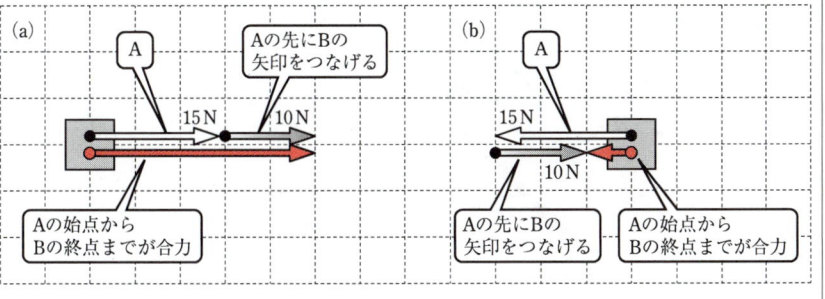

図 2.4　図解法

● 力を表す矢印は，平行移動するとその働きが異なってきてしまうが，作用線上で移動させてもその働きは変わらない。

② 計算で求める方法（計算法）

右向きをの力を「＋」，左向きの力を「－」として，計算して求める。

(a)…＋15 N＋10 N＝＋25 N
(b)…－15 N＋10 N＝－5 N

となり，(a) は符合が＋なので，合力は右向きの 25 N である。

(b) は符合が－なので，合力は左向きの 5 N である。

● 一般に，左右方向の力では，数学の数直線と同じように，右向きの力を正，左向きの力を負と定義する。
● 符号で向きを表しているので，向きを明示するときには符号は用いない。
「左向きで－5 N」という表現は NG。

> **Point**
> 作用線が同じ力の合成（図解法）
> 合成する矢印をつなげる（作用線上を移動させる）。
> 最初の矢印の始点から最後の矢印の終点までが，合力となる。

> **Point**
> 作用線が同じ力の合成（計算法）
> 左右方向の力では，右向きを＋，左向きを－と仮定して計算し，その結果が合力となる。計算結果の符号が＋ならば合力は右向き，－ならば合力は左向きとなる。

●上下方向の力では，一般に，上向きを＋，下向きを－と仮定して計算する。
●作用線の向きが異なる力の合力は，単純な和・差にはならない。10 N と 8 N で 18 N にはなっていないことを確認しておこう。

例題3 作用点が同じで作用線の方向が異なる力の合成

図2.5に示すように，猫2匹で1つの荷物をロープで引っ張っている。

2匹の力の合力の大きさ P を求めてみよう。

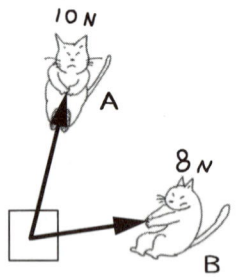

図2.5 作用線の方向が異なる力の合成

解説 作用点が同じ2力の合力は，それらをつなぎ合わせることで求めることができる。まず，図2.6のように

① Aの力はそのまま。
② Bの力の作用点をAの力の矢印の先に同じ大きさ・向きでつなげる。
③ Aの作用点とBの矢印の先を結ぶ。
この力が合力になる。

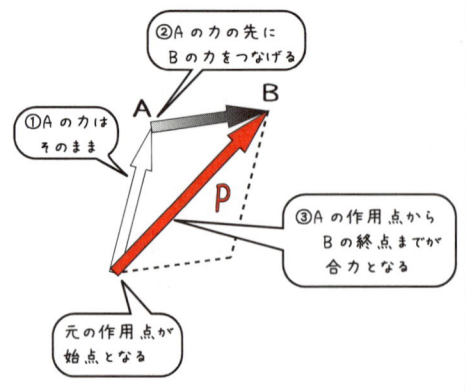

図2.6 図解法

ここで，図中の長さを実測すると，10 N の A は 2 cm である。合力 P の長さを実測すると 3 cm なので，これらの関係を比で表すと，

$$10\,\text{N} : 2\,\text{cm} = P : 3\,\text{cm}$$

となり，合力の大きさは，

$$P = 10\,\text{N} \times 3\,\text{cm} / 2\,\text{cm}$$
$$ = 15\,\text{N}$$

となる。

●合力は力の平行四辺形の対角線になる。力の大きさのみを求める場合には，力を平行移動して考えてよい。
作図では矢印をつなげて大きさを求め，始点から終点を結ぶと，その方向が力の平行四辺形の対角線と一致する。これが合力となる。

このように，合力は**もとの2力を隣り合う2辺とする平行四辺形の対角線**となる。この平行四辺形を，**力の平行四辺形**と呼ぶ。また，力をつなぎ合わせた図を**示力図**という。

> **Point**
> **作用点の同じ力の合成（図解法）**
> 合成する矢印をつなげる（2力の場合，平行四辺形を作る）。最初の矢印の始点から最後の矢印の終点まで（2力の場合は，平行四辺形の対角線）が，合力となる。

> **例題 4** 作用点が同じ 3 つの力の合成
> 図 2.7 に示すように，同じ点に 3 つの力が作用している。これら 3 力の合力の大きさ P [kN] を求めてみよう。

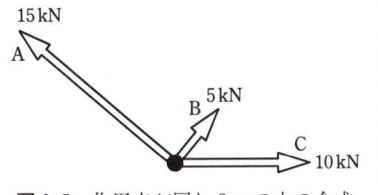

図 2.7 作用点が同じ 3 つの力の合成

解説 力が 3 つ以上になっても，合力の求め方は同じである。示力図を描く（矢印をつなげる）ことによって合力が求まる。

矢印を順番につなげ（①〜③），最初の矢印の作用点から最後の矢印の終点までが合力となる（④）。

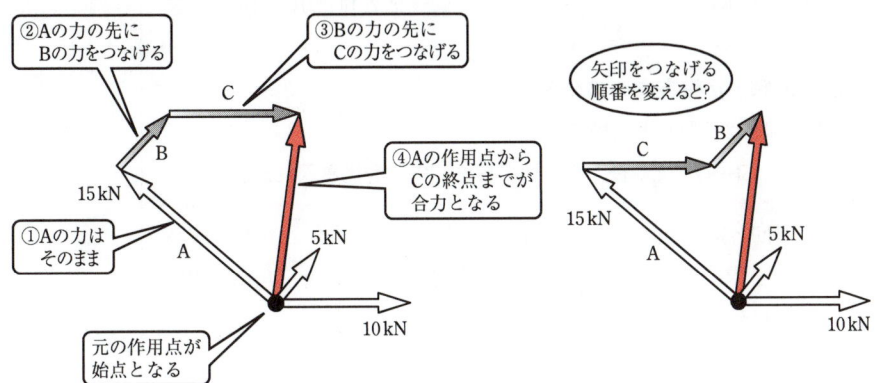

図 2.8 作用点が同じ 3 つの力の合成

矢印をつなげる順番を変えると，結果はどうなるだろうか。

矢印をつなげる順番を変えても，合力は同じになる。つまり，どの矢印からつなげても合力は求められる。

●3つ以上の矢印をつなげるときには，自分なりにつなげる順番にルールを作るとよい。
例えば，「左の矢印を最初にして，時計回りの順番に矢印をつなげる」など。

> **例題 5** 力の分解
>
> 図 2.9 に示す 50 kN の力 P を，水平方向（x 方向）の力 P_x と鉛直方向（y 方向）の力 P_y に分解し，それぞれの力の大きさを求めてみよう。

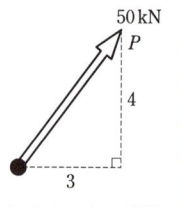

図 2.9　力の分解

解説　図 2.10 に示すように力 P の作用点を原点として xy 座標軸をとる。力を合成するときの力の平行四辺形の逆で，

① P を対角線とする平行四辺形（xy 座標上では長方形）を描く。
② P の作用点（原点）から x 軸・y 軸上に長方形の辺の長さを描き入れる。

このときの矢印の先の座標点が，それぞれ P_x と P_y の力の大きさを表している。

よって，座標を読み取ると，

$P_x = 30$ kN
$P_y = 40$ kN　　となる。

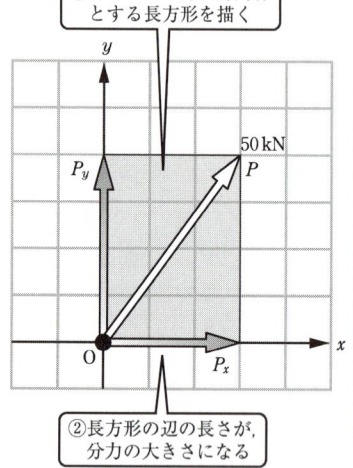

図 2.10　力の分解

●直交しない方向への分解では，もとの力を対角線とする力の平行四辺形の，隣り合う 2 辺になる。

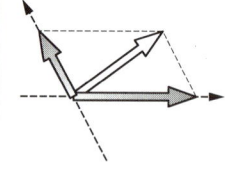

> **Point**
>
> **力の分解（x 軸・y 軸方向への分解）**
>
> もとの力を対角線とする長方形を描き，
> もとの力の作用点（始点）から，長方形の辺の長さで矢印を描き入れる。

直交する（x 方向・y 方向の）2 力の合成・分解では，直角三角形の辺の比を用いて大きさを求めることができる。図 2.11 に示す直角三角形の辺の比は，頻繁に用いられるので，覚えておこう。

> **Point**
>
> **直角三角形の辺の比**
>
>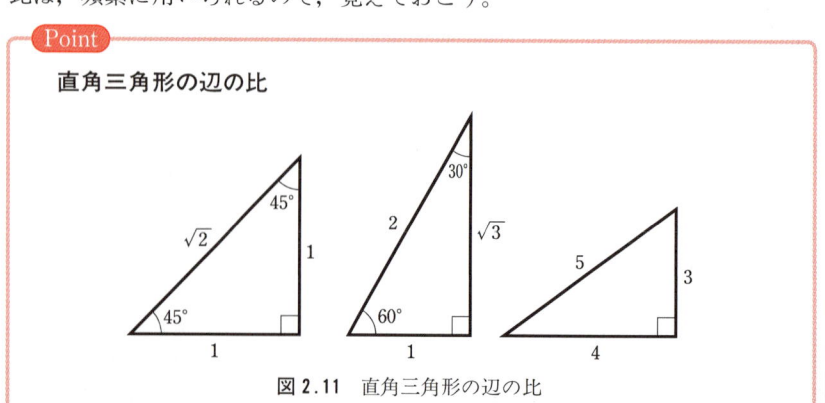
>
> 図 2.11　直角三角形の辺の比

●$1:1:\sqrt{2}$ の三角形は正方形を半分にした直角二等辺三角形である。
$1:2:\sqrt{3}$ の三角形は，正三角形を頂点から半分にした直角三角形である。

Topics　ベクトルの性質

2力 P_a と P_b の合力 P は，示力図を描く（矢印をつなぎ合わせる）ことで求めることができる。このとき，合力 P の水平方向（x 方向）の力 P_x と鉛直方向（y 方向）の力 P_y は，それぞれ次のように表すことができる。

$$P_x = P_{ax} + P_{bx} \qquad P_y = P_{ay} + P_{by}$$

つまり，ベクトル同士を合成して得られたベクトルの成分は，もとのベクトルの各成分の和になっていることが分かる。

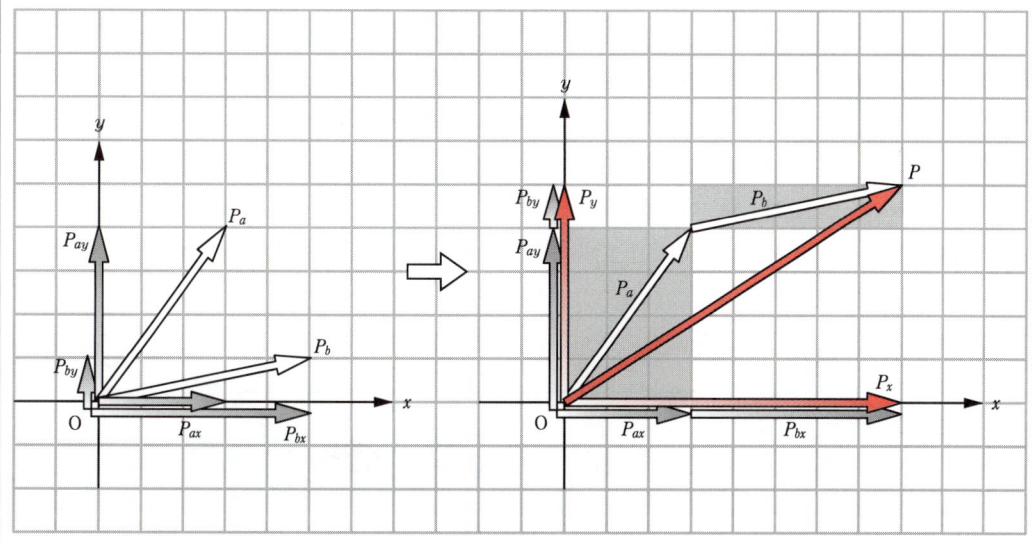

図 2.12　ベクトルの性質

2・2 力のモーメント

前節では，物体をある方向に移動させる力を扱った。ここでは，物体を回転させる作用をもつ，「**力のモーメント**」について学ぶとともに，力のモーメントを使って平行な力を合成する方法について学ぶ。

机の上に教科書などを置き，左右から同じ大きさで押してみよう。

図 2.13　物体を回転させる作用

図のどちらも「左右から同じ大きさ」で押している。左の図の場合には教科書は動かないが，右の図の場合には動く。どのように動くかというと，その場で「回転」する。この**物体を回転させる作用**が**モーメント**である。

●力を平行移動させると，その作用が変わってしまうのは，このモーメントが変わってきてしまうためである。

例題 6　**力のモーメント**

図 2.14 に示すように，ボルトの中心から 20 cm の位置を持って，ナットをスパナで締め付けるときの力のモーメントの大きさ M を求めてみよう。

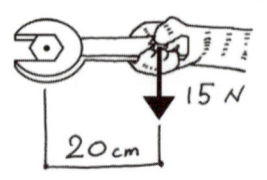

図 2.14　力のモーメント

解説　力のモーメントの大きさ M は，力の大きさを P，回転の中心からのうでの長さを L とすると，次のように表される。

　　　モーメント＝力の大きさ
　　　　　　　　　×うでの長さ

すなわち　$M = PL$

また，回転方向が時計回りの場合の符号を正とする。

よって，力のモーメントの大きさは，

$M = 15 \text{ N} \times 0.2 \text{ m} = 3 \text{ Nm}$

モーメントは，力[N] と距離[m] の積で求められるため，単位は [N] と [m] の積の [Nm] が用いられる。

構造力学では，[kNm] の形で多く使用される。

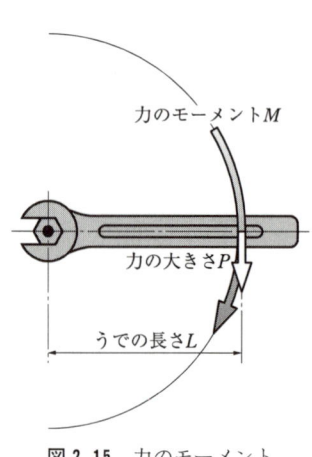

図 2.15　力のモーメント

● 1 kNm
　= 1 000 Nm
　= 100 000 Ncm
　= 1 000 000 Nmm

> **Point**
>
> **力のモーメント**
>
> 物体を回転させる作用を力のモーメントという。
> 力のモーメントは，力の大きさと，基準とする点から作用線までの距離に比例する。力のモーメントは，
>
> $M = PL$ （力のモーメント＝力の大きさ×距離）
>
> で求められ，単位には［kNm］などが用いられる。

> **例題 7** **力のモーメントの距離**
>
> 図2.16のように，同じ重さのダンベルを真横・斜め・真下に持っている。最も重く感じるのはどの場合か，理由も含め考えてみよう。

図 2.16　力のモーメントの距離

解説　ダンベル自体の重さは同じなので，下向きの重力による力はどの場合も同じである。

図 2.17　力のモーメントの距離

　力のモーメントは，「力の大きさ×距離」で求められるため，距離が大きいほど力のモーメントが大きくなる。力の作用線は地面に垂直な方向（重力の向き）で，距離は作用線に下ろした垂線の長さなので，この場合，肩からダンベルまでの水平距離が距離になる。よって，真横に持ったときに力のモーメントが最も大きくなり，重く感じられる。

> **Point**
>
> **力のモーメントの距離**
>
> 力のモーメントを求める点から力までの距離は，その力の**作用線との距離**である。力の作用線を引き，力のモーメントを求める点から作用線に垂線を下ろした長さ（モーメントを求める点と作用線の最短距離）である。
>
> ※　作用線上の点では，距離が0になるため，力のモーメントは生じない。

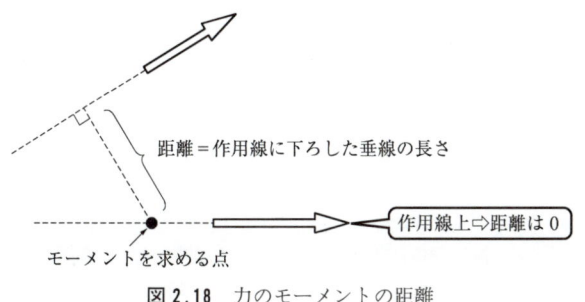

図 2.18　力のモーメントの距離

● 「重さが同じ」という条件がなければ，絵だけを見ると，真横に持っている図が最も軽いダンベルのように感じたろう。これは，真横に持つには力が必要だ（荷重がかかる）ということを，経験的に知っているからである。

● 力を平行移動するとその作用が変わってしまうのは，平行移動すると距離が変わってくるからである。
逆に距離が変わらない移動をしても働きは変わらないため，作用線上は移動することができる。

> **例題 8** 平行な力の合成
>
> 図 2.19 の力について，合力の大きさと合力の作用する位置を求めてみよう。

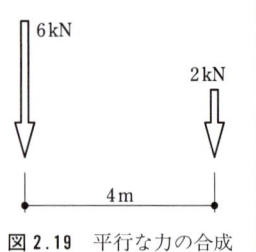

図 2.19　平行な力の合成

解説　まず，合力 R の大きさは，

$$R = -6\,\text{kN} - 2\,\text{kN} = -8\,\text{kN}$$

となり，下向きで大きさは 8 kN となる。

合力の作用する位置は，2 つの力の作用点が一致していないので，示力図や力の平行四辺形により求めることはできない。

ここで，任意の点 A を図 2.20 のように決め，この点で，もとの力のモーメントの和を求めると，次のようになる。

$$M_\text{A} = 6\,\text{kN} \times 1\,\text{m} + 2\,\text{kN} \times 5\,\text{m} = 16\,\text{kNm}$$

合力とは，もとの力と同じ効果をもつ力なので，A 点で合力のモーメントを求めても，このもとの力のモーメントの和と同じ値になる。よって，A 点から合力の作用する点までの距離を x とすると，

$$M_\text{A} = 8\,\text{kN} \times x = 16\,\text{kNm}$$

$$x = 2\,\text{m}$$

となり，合力 R は A 点から 2 m の位置に作用することとなる。

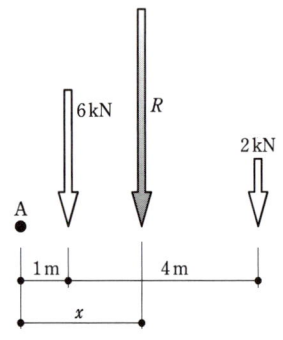

図 2.20　平行な力の合成

● 上下方向の力では，一般に，上向きを＋，下向きを－と仮定して計算する。

● ここでは任意の A 点を図のように定めたが，A 点はどこにとってもよい。

このように，もとの力によるモーメントの和と合力のモーメントが等しくなることを，**バリニオンの定理**という。

2・3　力のつり合い

前節までは物体が力を受けて移動・回転しようとする事象を扱った。
ここでは，2つ以上の力が働いているのに，物体が静止している状態の力のつり合いについて学ぶ。

● 物体が実際に移動・回転・変形するときは，力はつり合っていない。

例題 9　力のつり合い（綱引き）

図 2.21 のように，何匹かで綱引きをしている。全員が同じ力で引っ張っているとき，綱が左右どちらにも動かないのはどの場合だろうか。
また，なぜ動かないのか，その理由を説明しよう。

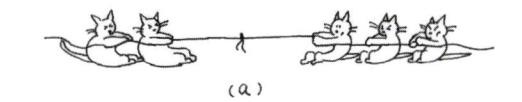

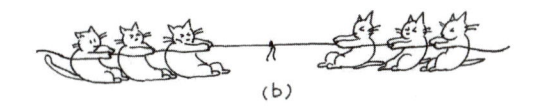

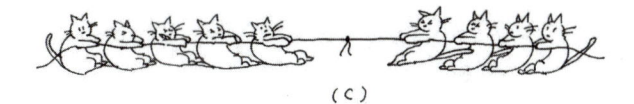

図 2.21　力のつり合い（綱引き）

解説　綱引きをした場合，引っ張る力が大きい方に綱は動く。
　(b)は左右で引っ張る頭数が同じため，引っ張る力が同じになり，左右でつり合って，綱は動かない。
　物体が静止しているときには，物体に働く力がつり合っていて，それらの合力は0になる。構造力学では静止している構造体を主に扱うので，構造体に働く力はつり合い，合力が0となっている。
　力がつり合っている状態を図解法で示すと，力をつなげるともとの位置に戻る，つまり **示力図が閉じる** ことになる。

● 示力図が閉じるとは

Point

力のつり合い（作用点が同じ場合）

物体が静止　　　⇒　力がつり合っている　　⇔　合力は0
　　　　　　　　　　　　　　　　　　　　　　　示力図が閉じる

物体が動き出す　⇒　力がつり合っていない　⇔　合力は0でない
　　　　　　　　　　　　　　　　　　　　　　　示力図が閉じない

例題 10　力のつり合い（斜面）

図 2.22 に示すように，重さ 400 N の荷物を斜面の上からワイヤーで引っ張っている。荷物が斜面上で静止しているとき，力 T を求めてみよう。斜面はなめらかで，摩擦はないものとする。

図 2.22　力のつり合い（斜面）

● 重さ 400 N の荷物の質量は，約 40.8 kg。

解説

図 2.23 に示すように，荷物に作用している力は，重力による力 P とワイヤーによる力 T である。力 P を斜面に平行な方向の力 P_1 とそれと直交する方向の力 P_2 に分解すると，P_1 と P の比は，

$$P_1 : P = 1 : 2$$

より，力 P_1 の大きさは，

$$P_1 = P/2 = 400 \text{ N}/2 = 200 \text{ N}$$

荷物が静止しているので，T と P_1 はつり合っていて，

$$T = P_1 = 200 \text{ N}$$

また，P_2 が斜面を押しているのに対して，斜面は P_2 を押し返し（作用反作用の法則），P_2 と斜面からの力がつり合っている。

このように，物体が静止しているとき，直交する 2 つの方向に力を分解して考えると，各方向でつり合いがとれている。

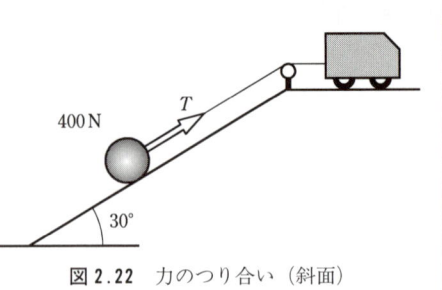

図 2.23　力のつり合い（斜面）

● 張力 T：Tension

● P_2 が斜面を押す力は，$200\sqrt{3}$ N。

【問題】

身のまわりの静止している物体を取りあげ，何の力と何の力がつり合っているかを考えてみよう。

2・3 力のつり合い

> **例題 11** 力のつり合い（シーソー）
> 図2.24に示すように親子の猫がシーソーで遊んでいる。バランスをとるためには親猫は支点からどの位置に乗れば良いか求めてみよう。

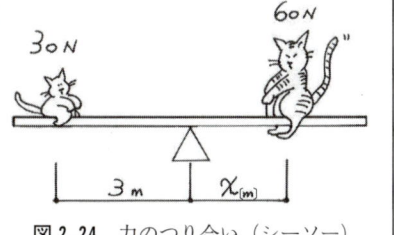

図 2.24 力のつり合い（シーソー）

解説 子猫がシーソーに乗ることによって，シーソーは支点を中心として図2.25，図2.26に示すように反時計回りに回ろうとする。
このときの力のモーメントは，
$$-30\,\text{N} \times 3\,\text{m} = -90\,\text{Nm}$$

同じように，親猫がシーソーに乗ることによってシーソーは支点を中心として図2.25に示すように時計回りに回ろうとする。

支点から親猫が乗る位置までの距離を x [m]とすると，親猫による力のモーメントは，
$$60\,\text{N} \times x\,[\text{m}] = 60x\,[\text{Nm}]$$

子猫による力のモーメントと親猫による力のモーメントの合計が0になるときにシーソーはつり合うので，
$$-90\,\text{Nm} + 60x\,[\text{Nm}] = 0$$

よって，支点から親猫が乗る位置までの距離 x は，
$$x = 90\,\text{Nm} / 60\,\text{N}$$
$$= 1.5\,\text{m}$$

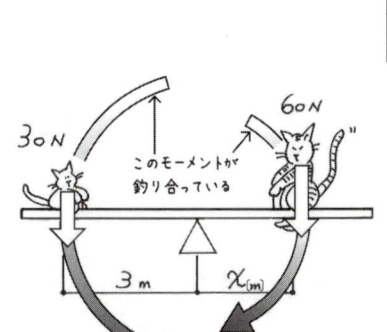

図 2.25 力のつり合い

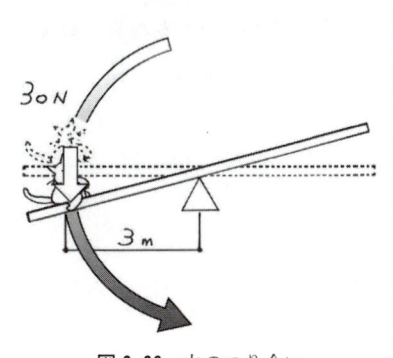

図 2.26 力のつり合い

> **Point**
> **力のつり合い**（作用点が異なる場合）
> 物体が静止しているとき，
> ・同一方向の力　　　がつり合っている。
> ・力のモーメント　　がつり合っている。

● シーソーのほか，振り子や上皿天秤，ヤジロベイのように，左右に同じだけ振れる場合には，静止していない状態であっても，力はつり合っている。

● 力のモーメントは，時計回りを正，反時計回りを負とする。

● 子猫による反時計回りのモーメントと，親猫による時計回りのモーメントでつり合っている。

● 子猫と親猫の体重による下向きの荷重は，支点で支えられているので，支点に上向きの力が生じてつり合っている。

2・4　力のつり合い条件式

　ここまでに，物体が静止しているときには，同一方向の力がつり合い，また，モーメントがつり合っているということを学習した。
　同じ方向の力のつり合いは，p.28 の例題 10 では斜面方向の同一作用線上の力のつり合いで考えたが，通常は x 方向（水平方向）と，それと直交する y 方向（鉛直方向）で考える。斜めの力が含まれるときには，その力を x 方向と y 方向に分解して考える。

　物体が静止しているときには，
　　・**x 方向の力**がつり合っている
　　・**y 方向の力**がつり合っている
　　・**モーメント**がつり合っている
という関係がすべて成り立つ。
　この関係を式で表す方法を，2 通り学習しよう。

2.4.1　Σ＝0　の式

　力がつり合っているということで，「**合力の大きさが 0 になる**」という考え方で解く方法である。
　この解き方では，前提として「**力の向きを符号で表す**」ことが必要となる。
　x 方向では，一般に右向きを＋，左向きを－として表す。
　綱引きでは，右向きに引っ張ることを＋，左向きに引っ張ることを－とする。右向きに 200 N，左向きに 200 N で引っ張った場合，
　　　＋200 N －200 N ＝0
で，合力は 0 となり，つり合っている。
　p.19 の例題 2 では，Σ＝0 のつり合いではないが，向きを符合で表す考え方を用いて合力を求めている。
　y 方向の力は，一般に，上向きを＋，下向きを－とする。
　モーメントは，一般に，時計回りを＋，反時計回りを－とする。

> ●Σ は「シグマ」と読み，総和する，すべてを足し合わせるという意味である。
>
> ●x 方向，y 方向の力の符号は，xy 座標系の正，負の向きと同じである。

> **Point**
> **力のつり合い条件式「Σ＝0」**
> 　力がつり合っている ⇔ 合力が 0
> 　　x 方向：右向きを＋，左向きを－とし，$\Sigma X = 0$
> 　　y 方向：上向きを＋，下向きを－とし，$\Sigma Y = 0$
> 　　モーメント：時計回りを＋，反時計回りを－とし，$\Sigma M = 0$

2.4.2 左辺＝右辺 の式

　力がつり合っているということは，「逆向きの力の大きさが等しい」という考え方で，力の向きがはっきりしているときの解法として，使いやすい。

　　x 方向のつり合いの例：綱引きでつり合っている場合には，
　　　　右向きの力の和＝左向きの力の和
　　y 方向のつり合いの例：枝にリンゴの実がなって静止している場合には，
　　　　上向きの力＝下向きの力
　　力のモーメントのつり合いの例：シーソーでバランスが取れているときは，
　　　　時計回りに回転させる力＝反時計回りに回転させる力

●枝がリンゴを引張る力＝リンゴに作用する重力

> **Point**
>
> **力のつり合い条件式「左辺＝右辺」**
> 力がつり合っている ⇔ 逆向きの力の大きさが等しい
> 　　x 方向：右向きの力の和＝左向きの力の和
> 　　y 方向：上向きの力の和＝下向きの力の和
> 　　モーメント：時計回りのモーメントの和
> 　　　　　　　＝反時計回りのモーメントの和

例題 12 力のつり合い（綱引き）

　図 2.27 のように，犬と猫の親チーム（2 匹）と子猫チーム（5 匹）で綱引きをしている。犬と猫の親が 1 匹 30 N の力で引っ張っているとき，子猫が平均何 N の力で引っ張ると，つり合うだろうか。

図 2.27 力のつり合い（綱引き）

解 説 (1) Σ＝0 の解法

　つり合うのは，$\Sigma X = 0$ となるときである。左向きの力を－，右向きの力を＋とし，子猫の平均の力を x とすると，

$$\Sigma X = 30 \times 2 - x \times 5 = 0$$

よって，$x = 60 \text{ N}/5 = 12 \text{ N}$

となり，子猫が平均 12 N の力で引っ張るとつり合う。

●Σ＝0 の解法は，
・様々な向きの力が混在しているとき
・全体の力の数が多いとき
に使うとよい。
●式を立てるときの項の順番は，バラバラではなく，
・左から順番
・上から順番
・プラスのもの，マイナスのものでまとめて
など，ルールを決めて習慣づける。

(2) 左辺＝右辺の解法

つり合うのは，左向きの力の和＝右向きの力の和となるときである。

左向きの力の和は，子猫の平均の力を x とすると，

$$x \times 5 = 5x$$

右向きの力の和は，

$$30\,\text{N} \times 2 = 60\,\text{N}$$

この大きさが等しいので，

$$5x = 60\,\text{N}$$
$$x = 12\,\text{N}$$

となり，子猫が平均 12 N の力で引っ張るとつり合う。

●左辺＝右辺の解法は，
・支点を中心に逆向きの力が分かれているとき
・未知数の向きが分かっているとき
・全体の力の数が少ないとき
に使いやすい。
マイナスの項が出てこなく，移項が少ないので，計算ミスが生じにくい。

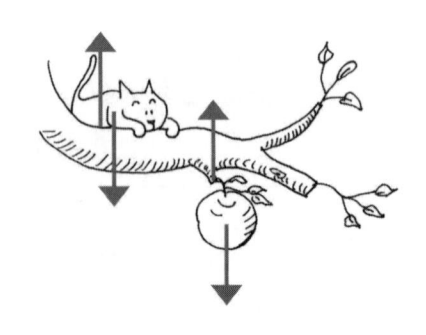

【問 題】 力のつり合い（綱引き）

図 2.28 のように，A チーム（犬 1 匹と猫 4 匹）と B チーム（犬 2 匹と猫 1 匹）で綱引きをしている。犬が図中に書いてある力で引っ張っているとき，猫が 1 匹平均何 N の力で引っ張るとつり合うだろうか。

「Σ＝0」の解法と，「左辺＝右辺」の解法の両方で解いてみよう。

図 2.28 力のつり合い（綱引き）

例題 13　力のつり合い（シーソー）

図 2.29 に示すように，猫がシーソーで遊んでいる。バランスが取れているとき，右側の子猫は支点から何 m の場所にいるだろうか。

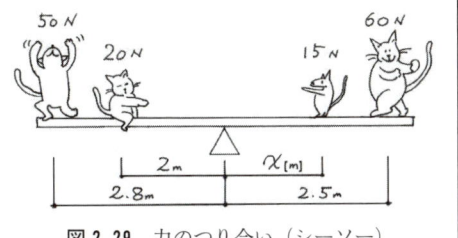

図 2.29　力のつり合い（シーソー）

解説　Σ＝0 の解法

$\Sigma M = 0$ となると，力がつり合いバランスが取れる。中央の支点を基準点として，時計回りのモーメントを＋，反時計回りのモーメントを－とすると，

$$\Sigma M = -50\,\text{N} \times 2.8\,\text{m} - 20\,\text{N} \times 2\,\text{m} + 15\,\text{N} \times x + 60\,\text{N} \times 2.5\,\text{m}$$
$$= 0$$

$$15x\,[\text{N}] = 30\,\text{Nm}$$
$$x = 2\,\text{m}$$

となり，支点から 2 m の場所でバランスがとれる。

「Σ＝0」と「左辺＝右辺」の 2 つのつり合い条件式は，どちらの解き方も大切で，問題に合わせて臨機応変に使えるとよい。

ここからは主に，一般的に用いられる「Σ＝0」の解法で問題を解いていく。

例題 14　力のつり合い（$\Sigma M = 0$）

図 2.30 のように梁の A 端を壁に取り付け，天井の C 点から梁の B 端をワイヤーで吊って，梁が水平を保って静止している。

① 梁の自重は 1200 N で，梁の重心に作用する。この力を，図中に矢印で描き込もう。

② モーメントのつり合いから，ワイヤーの張力 T [N] を求めてみよう。

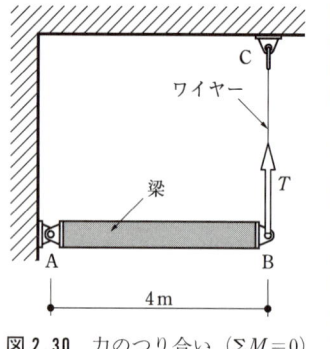

図 2.30　力のつり合い（$\Sigma M = 0$）

解説　① 梁の重心は梁の中央なので，A 点と B 点の中央（A 点から 2 m の位置）に自重（1200 N）が下向きに作用する。

② A 点が支点となるので，自重によるモーメントは時計回り，ワイヤーの張力によるモーメントは反時計回りの力となる。

$$\Sigma_A M = 0$$
$$1200\,\text{N} \times 2\,\text{m} - T \times 4\,\text{m} = 0$$

これを解いて，
$$T = 600\,\text{N}$$

● $\Sigma_A M = 0$ のように，M の左添字で基準点の記号を表記する。

例題 15　力のつり合い（$\Sigma Y = 0$, $\Sigma M = 0$）

図 2.31 のように，重さが無視できる物体に 2 つの力が作用している。この状態では，y 方向の力の合力とモーメントの合力は，どちらも 0 にならない。つまり，このままでは物体が移動・回転してしまう。

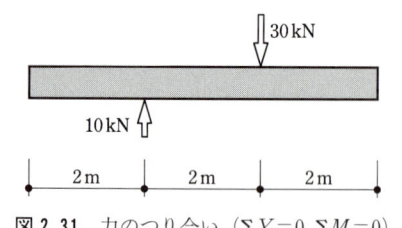

図 2.31　力のつり合い（$\Sigma Y = 0, \Sigma M = 0$）

この物体が静止状態を保つためには，ほかにも力が必要である。1 つの力 P を加えてつり合うようにするには，P をどのように作用させたらよいだろうか。

① y 方向の力のつり合いから，P の大きさと向きを求めてみよう。

② 物体の左端から P までの距離を x として，物体の左端でのモーメントのつり合いから P の作用する点を求めてみよう。

● p. 26 の，バリニオンの定理による平行な力の合成は，ある方向の力のつり合いと，モーメントのつり合いとを考えたものである。

解説 ① 加える力 P を上向きで仮定すると，y 方向の力のつり合いは，

$$\Sigma Y = 0$$

$$10\,\mathrm{kN} - 30\,\mathrm{kN} + P = 0$$

これを解いて，

$$P = 20\,\mathrm{kN}$$

よって，P の大きさは 20 kN で，上向きの力となる。

② 左端を点 A とし，力 P までの距離を x とする。点 A に関する力のモーメントのつり合いは，

$$\Sigma_\mathrm{A} M = 0$$

$$-10\,\mathrm{kN} \times 2\,\mathrm{m} + 30\,\mathrm{kN} \times 4\,\mathrm{m} - P \times x = 0$$

これを解いて，$x = 5\,\mathrm{m}$

よって，左端から 5 m の点に P を作用させる。

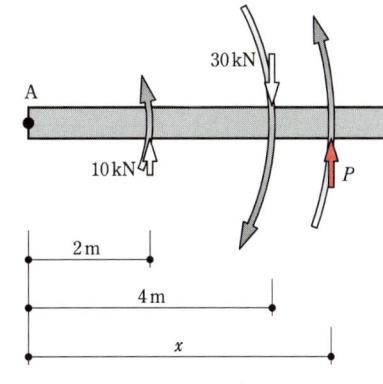

図 2.32 力のつり合い（$\Sigma Y = 0, \Sigma M = 0$）

● 未知数の力の向きが分からない場合には，プラスで仮定する。

● プラスの向きで力を仮定し，つり合い条件式を立てて解いた結果，マイナスの解となったら，仮定の向きが逆だったということになる。

● 左から順，または右から順に荷重を拾いながら式を立てれば，ミスが少ない。

ここでは，物体の左端を基準として，力のモーメントを求めた。

p.33 のシーソーの問題や例題 14 では，物体が回転する支点が分かっていたが，この例題ではそれが分からない。このような場合，どこでも好きな位置で力のモーメントのつり合いを考えられる。

一般的には，左端や右端での式を立てる。また，荷重の作用する点や，荷重の作用線上でも式を立てられる。

● 荷重の作用線上で式を立てると，式に出てくる項が少なくなり，計算自体は簡単になる。
しかし，逆に難しく感じる人もいるので，自分の解きやすい方法を把握して式を立てるのがよい。

> **Point**
> **モーメントのつり合いを考える場所**
> 物体が静止している（つり合っている）とき，
> モーメントのつり合いの式は，どの位置で立ててもよい。

● どの位置で式を立てても，
$$\Sigma M = 0$$
また，
時計回りのモーメント和＝反時計回りのモーメント和
の両方が成り立つ。

> **【問題】**
> 例題 15 で，力 P の作用点を求めるとき，力のモーメントのつり合いは好きな位置で考えればよいと述べた。
> 試しに，点 A 以外に好きな位置を決めて，力 P の作用点を求めてみよう。

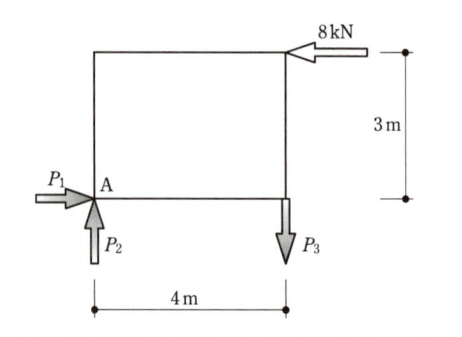

36　第2章　力のつり合い

> **例題 16**　力のつり合い（$\Sigma X=0, \Sigma Y=0, \Sigma M=0$）
>
> 図2.33の物体にP_1，P_2，P_3が作用して，つり合っている。
> ① x方向のつり合いの式を立てよう。
> ② y方向のつり合いの式を立てよう。
> ③ 左下の点で，モーメントのつり合いの式を立てよう。
> ④ ①〜③の式を解き，P_1，P_2，P_3を求めよう。
>
> 図2.33　力のつり合い（$\Sigma X=0, \Sigma Y=0, \Sigma M=0$）

●問題の解きはじめに
・$\Sigma X=0$
・$\Sigma Y=0$
・$\Sigma M=0$
と書くように習慣づけるとよい。

解説　① $\Sigma X=0$ の式を立て，
$$P_1 - 8\,\text{kN} = 0$$
② $\Sigma Y=0$ の式を立て，
$$P_2 - P_3 = 0$$
③ $\Sigma_A M=0$ の式を立て，
$$P_3 \times 4\,\text{m} - 8\,\text{kN} \times 3\,\text{m} = 0$$
（A点は，P_1とP_2の作用線上なので距離が0となり，P_1とP_2のモーメントの項はつり合いの式には出ない。）

④ ①より$P_1=8\,\text{kN}$，③を解いて$P_3=6\,\text{kN}$，これを②に代入して$P_2=6\,\text{kN}$。

①〜③のように，「$\Sigma X=0, \Sigma Y=0, \Sigma M=0$」の式を確実に立てられるようにすることが大切である。

①では，「右向きの力の和＝左向きの力の和」と考えて，$P_1=8\,\text{kN}$と式を立てることもできる。

●ここでは
$\Sigma X=0$
$\Sigma Y=0$
$\Sigma M=0$
とすべて式を立ててから解いた。

●全体の力を見渡して，解きやすそうな（力の少ない）式から立てるという考え方もある。
まずは$\Sigma X=0$の式を立てて解き，次に右下の点で$\Sigma M=0$の式を立てて解き，その後$\Sigma Y=0$の式を立てて解くと，計算は簡単になる。

> **Point**
>
> **つり合いの式を立てるときのポイント**
> ・未知数（求めたい力）が3つあったら，式は3個必要になる
> ・斜めの力があったら，x方向・y方向に分解する
> ・① $\Sigma X=0$，② $\Sigma Y=0$，③ $\Sigma M=0$ の式を立てる
> ・モーメントの式は，未知数が少なくなる点を基準点に選ぶ
> 　⇒　未知数の作用線の交点がよい（斜めの力があったら，その作用線上）

2.4.3 分布荷重の合成

1章で学習したように，構造物に作用する荷重には様々なものがあり，それを1点に働く集中荷重または広い範囲に働く分布荷重としてモデル化している。ここまでは集中荷重を扱ってきたが，構造物の重量（自重）や積雪荷重のような分布荷重は，力のつり合いを考えるときにどのように扱えばよいのだろうか。

分布荷重は，それと力のつり合い上，等価な集中荷重（分布荷重の合力）に置き換えて扱う。

等分布荷重（一定の大きさの分布荷重）では，置きかえた集中荷重の大きさは単位長さあたりの荷重と分布荷重の作用している長さとの積（分布荷重の長方形の面積），作用する位置は等分布荷重の長さの中央になる。

● 荷重の種類については，p.10〜11 参照

● 分布荷重と「等価な集中荷重」とは，分布荷重の合力を示す。
作用点は，分布荷重の分布図の重心の位置となる。

Point

等分布荷重を集中荷重に置き換える

w [kN/m] の等分布荷重が，L [m] にわたり作用しているとき，それを集中荷重 W [kN] に置き換えると，

W の大きさは，$w \times L$

W の位置は，$\dfrac{L}{2}$ （中央）

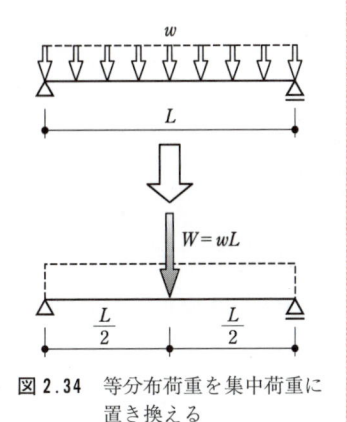

図 2.34 等分布荷重を集中荷重に置き換える

● 一般に，等分布荷重は小文字の w，集中荷重は大文字の W で表す。

● 面上に作用する等分布荷重の大きさは，単位面積当たりの荷重と分布荷重の作用している面積との積で求める。

例題 17　等分布荷重

図 2.35 のような自重が 50 N/m のシーソーがある。シーソーの自重を集中荷重に置き換えたときの，合力の大きさと位置を求めよう。

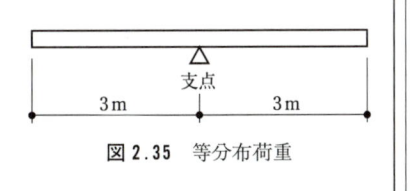

図 2.35　等分布荷重

解説　シーソーの長さが 6 m なので，シーソーの重さは，

$$6\,\text{m} \times 50\,\text{N/m} = 300\,\text{N}$$

となる。合力は 300 N で，その作用位置はシーソーの重心位置であるので，中央の支点の位置となる。

参考　等変分布荷重

大きさが一定の割合で変化する分布荷重を，**等変分布荷重**という。

三角形の形状に分布する等変分布荷重（三角形分布荷重）を集中荷重に置き換えると，大きさは三角形部分の面積，作用する位置は重心を通る位置となる。

台形の形状に分布する等変分布荷重では，長方形の形状の等分布荷重と，三角形の形状の等変分布荷重とに分け，それぞれで集中荷重に置き換える。

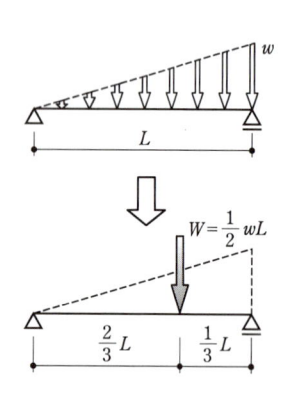

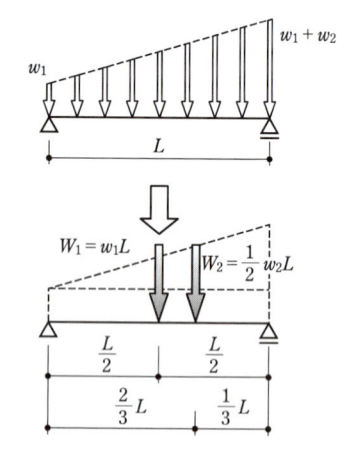

図 2.36　等変分布荷重

土圧や水圧のように，深さに比例して大きくなっていく荷重は，等変分布荷重として扱う。

第3章
静定構造物の反力と応力

建築構造物を建てようとするときには，建物に常に作用している荷重（**長期荷重**）と地震，暴風などの比較的短い時間作用する荷重（**短期荷重**）に対して構造的に安全であることを確認する作業を行う。これを**構造設計**という。

構造力学の役割は，構造設計において反力と応力を求めるという基礎的な部分を担っている。

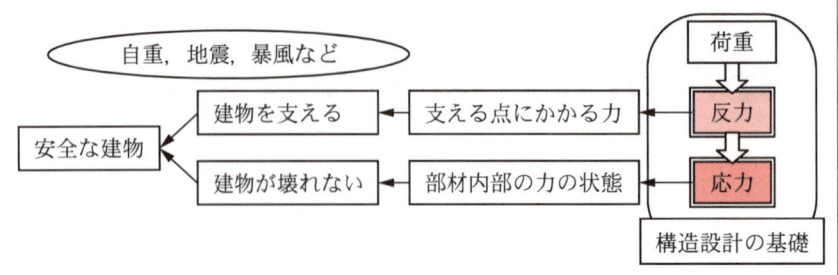

図 3.1 構造設計と構造力学

本章は，つり合い条件だけで反力や応力が求められる**静定構造物**として片持ち梁，単純梁，静定ラーメンおよび静定トラスを取りあげ，それらの反力計算および応力計算について解説をする。

●静定構造物の定義は第 8 章 1 節参照（p. 161）

建築構造物に作用している荷重は，梁や柱などを伝わって基礎を介して地盤に伝達されるが，基礎が地盤から受ける力を**反力**と呼んでいる。この荷重と反力は，ともに構造物の外部から作用する力であり，総称して**外力**という。

●外力の定義

構造物が**つり合い条件**を満たす状態とは，構造物に外力が作用しているときに，移動や回転をせず静止している状態をいう。この状態を構造物と外力で図示したものを**つり合い系**という。

外力を受けた構造物がつり合い状態のとき，部材内部に外力に抵抗する力として**応力**が生じる。応力は，内力，断面力などということもある。

●応力の定義は，3.1.1，3.1.2 に解説がある。

応力には，軸力 (N)，曲げモーメント (M)，せん断力 (Q) の 3 種類がある。

反力計算と応力計算は一連の計算だが，ここでは 6 つの Step に分けて考える。3.1.1 と 3.1.2 は反力計算（Step 1〜4）と応力計算（Step 5・6）に分けて解説するが，3.1.3 以降は続けて一連の流れで解いていく。

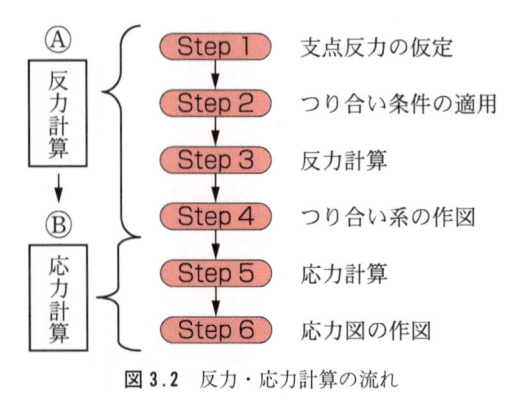

図 3.2 反力・応力計算の流れ

3・1 片持ち梁

1本の部材の片側だけ移動と回転が固定された構造物を**片持ち梁**といい，図 3.3 のようにモデル化して取り扱う。

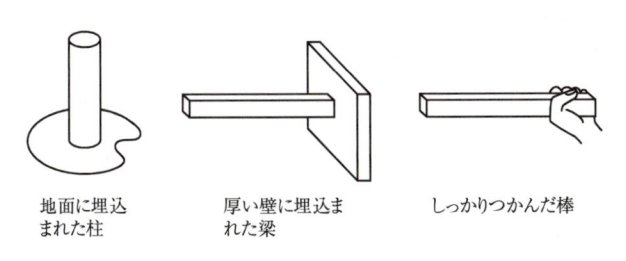

●1章3節　モデル化を参照

(a) 片持ち梁の例

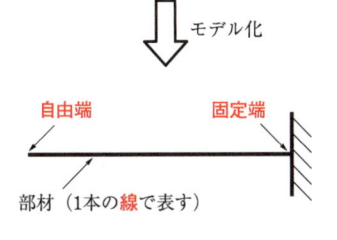

⬇ モデル化

自由端　　　固定端

部材（1本の**線**で表す）

(b) モデル化

図 3.3　片持ち梁のモデル化

モデル化した片持ち梁に，ある力（**荷重**）を与えたときに，
・支点（固定端）に，どのような力が働くか（**反力**）
・部材内部に，どのような力が発生するか（**応力**）
について考え，それらの向き（または符号）や大きさを求める方法を説明する。

●片持ち梁の支点は固定端だけである。固定端には，水平反力，鉛直反力，モーメント反力の3つの反力が生じる。
1・3 (3) (p.9) 参照

●自由端は部材の先端の節点の1つであり，支点ではなく反力は生じない。

> **Point**
> 解き方の流れや片持ち梁の応力の求め方は，他の形式の梁の応力の求め方の基本となるので，しっかりと理解しておこう。

3.1.1　自由端に水平荷重が作用する片持ち梁

> **例題 1**　自由端に水平荷重が作用する片持ち梁
>
> 支点反力を求め，結果をつり合い系に描きなさい。 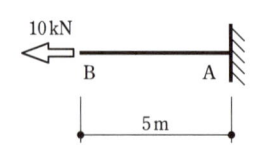
>
> 10 kN ← B　　A ▨
>
> 5 m
>
> 図 3.4　自由端に水平荷重が作用する片持ち梁

●部材と同じ方向の力について考えよう。

【解答例】

Step 1　支点反力の仮定

支点反力の仮定を図示する（図 3.5）。

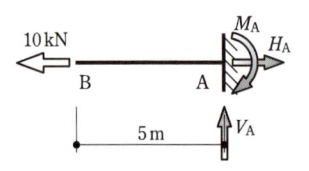

図 3.5　支点の反力の仮定

Point
＋の方向
（例題毎に決めてよい）

解説　A 点は**固定端であるので，3 つの反力が生じる**。
水平反力を H_A，鉛直反力を V_A，モーメント反力を M_A とし，図中に矢印で記入する。

次の Step でつり合い条件式を立てるために，Step 1 では構造物に作用する力（荷重，反力）をすべて記号化しておく。一般的に荷重が与えられるので，支点の反力について，大きさを記号で，向きを矢印で仮定する。

●反力の記号化：
　H：水平反力
　　　（Horizontal）
　V：鉛直（垂直）反力（Vertical）
　M：モーメント反力
　　　（Moment）
　H_A，V_A，M_A などの右側の添字 A は，反力の作用する点を示す。

●仮定する反力の向き（矢印の向き）は，任意に設定してよい。

●つり合い条件式の正の方向は，図 3.5 の右図の＋の方向と仮定した。

●部材の自重は，無視する（p.7，1・3 参照）。

3・1 片持ち梁 43

> **Step 2** つりあい条件の適用

$\Sigma X = 0 : H_A - 10 = 0$

$\Sigma Y = 0 : V_A = 0$

$\Sigma_A M = 0 : M_A = 0$

> **Point**
> $\Sigma X = 0$
> $\Sigma Y = 0$
> $\Sigma M = 0$
> これらを**つり合い条件式**という。

● 2・4 参照（p.30）
● ΣX は水平方向の力の総和を表す。
● ΣY は鉛直方向の力の総和を表す。
● $\Sigma_A M$ は A 点周りのモーメントの総和を表す。

解説 構造物全体に作用する**外力（荷重と反力）について，力のつり合い条件式を立てる**。解答例では，Step 1 の図の矢印のように，

・水平方向の力 X は　右向きを正，左向きを負
・鉛直方向の力 Y は　上向きを正，下向きを負
・モーメント M は時計回りを正，反時計まわりを負の方向としたが，この方向は例題ごとに決めてよい。

この例題では，鉛直方向・モーメントのつり合い条件式には，仮定した反力以外の力がない。

> **Step 3** 連立して反力を求める。

$H_A = 10 \text{ kN}, \quad V_A = 0 \text{ kN}, \quad M_A = 0 \text{ kNm}$

解説 Step 2 の式を数値の正負に注意しながら解く。単位も明記する。
求まった反力の数値が正の値であるので，反力の向きは，仮定通りであったことになる。

> **Step 4** つりあい系を描く。

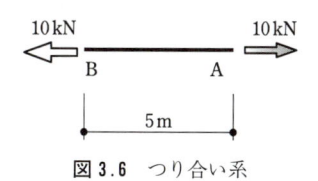

10kN ←　B　　A　→ 10kN
　　　　└── 5m ──┘

図 3.6　つり合い系

> **Point**
> 支点の図は描かずに，構造物と荷重と反力だけを描いたものを**つり合い系**という。

解説 支点の図を削除し，Step 3 で求めた反力を構造物に記入する。
これを，「**つり合い系を作図する**（または描く）」という。

図中の力で構造物が静止している（つり合っている）。つり合い系を描いたところで，構造物全体がつり合っていることを概観しておこう。

● つり合い系は，構造物が荷重と反力によって，移動も回転もせず，空中に静止している状態と考えてよい。

第3章　静定構造物の反力と応力

> **例題 2**　**自由端に水平荷重が作用する片持ち梁**
>
> 例題1に引き続き，次のつり合い系の応力図を描きなさい。
>
> 図 3.6　つり合い系

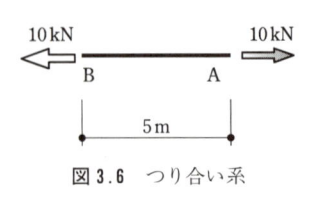

●軸力について理解しよう。

【解答例】

Step 5　区間ごとの応力を求める。

B点から右に x 離れた点で仮想的に切断し，その点の応力をその左側半分にある外力を使って求める。部材と同じ方向の外力が働くので**軸力**だけが発生する。

●右側半分で考えてもよい。

区　間	B-A 間
N（軸力）	10

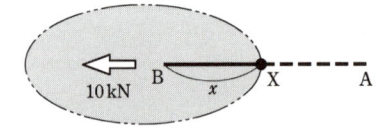

図 3.7　応力計算

解　説　外力が構造物に作用したときに構造物の部材断面に発生する力のことを，**応力**（断面力）という。構造物に荷重が作用すると，応力として構造物内部を伝達していき，支点において**反力とつり合う**。

例題の構造物の変形の概要は，部材を引張っているので，図3.8の破線のように部材が伸びる。この変形後の部材の一部を切り出して考えると，図3.9の破線のように，部材が伸びる変形となる。

このように伸び縮みする変形を**軸変形**と呼び，この変形を生じさせる応力を**軸力**（または軸方向力）という。軸力の符号は，部材が伸びる引張軸力を正（図3.9），部材が縮む圧縮軸力を負（図3.10）とする。

●軸力の定義

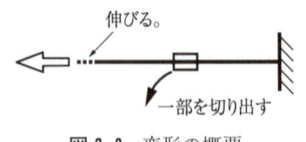

図 3.8　変形の概要

> **Point**
>
> 引張ると伸びるから符号は正，
> 圧縮すると縮むから符号は負

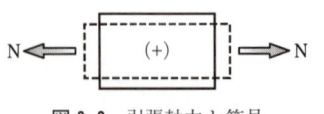

図 3.9　引張軸力と符号

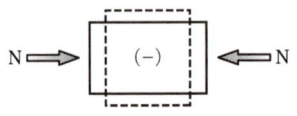

図 3.10　圧縮軸力と符号

ここから，区間ごとの応力を求める。応力の値の求め方は，いくつかあるが，ここでは，簡潔で素早く求められる方法を説明する。

この例題は，部材が1つで，部材の途中に荷重が作用していないので，B-A 間を1つの区間とし，そこの応力を求める。

図3.11のように，B-A 間の任意の点 X で部材を仮想的に切断し，その片側（左半分の網掛け部分）にある力から，X 点での応力を求める。

X 点で仮想的に切断して左半分を見る。

Point
BA 間は一定の値なので
途中の代表点 X で考える。
定規で右半分を隠してしまおう。

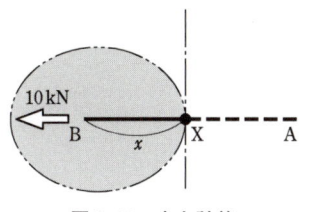

図 3.11 応力計算

Step 6 応力を図示する。

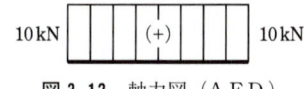

図 3.12 軸力図（A.F.D.）

解説 部材のどの部分にどれだけの応力が生じているかが分かるように，**応力図**を描く。

軸力図（A.F.D.）は，B-A 間が 10 kN で一定なので長方形を描きこむ。符号が正なので，図中に符号を書き込む。軸力図の応力の形は部材のどちら側に描いてもよいが，ここでは水平部材を扱うので，正のときには上，負のときには下に描くことにする。

応力図にハッチを記入する場合は，ハッチの線が部材のその点における応力の大きさを示すことから，部材と直角に線を引く。

● ここでは，軸力の符号は，正のときには部材の上に，負のときは下に書くことにする。

● 軸力図 A. F. D（Axial Force Diagram）

3.1.2　自由端に鉛直荷重が作用する片持ち梁

> **例題 3**　自由端に鉛直荷重が作用する片持ち梁
> 支点反力を求め，その結果をつり合い系に描きなさい。 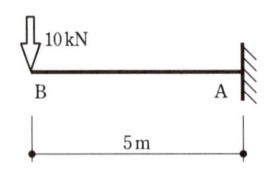
>
> 図 3.13　自由端に鉛直荷重が作用する片持ち梁

●部材と直角の荷重について考えよう。

【解答例】

Step 1～4 の解き方の流れは，例題1と同じである。

Step 1　支点反力の仮定

図 3.14 のように，支点反力の仮定を図示する。

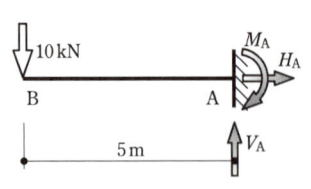

図 3.14　支点の反力の仮定

Point　+の方向

Step 2　つり合い条件の適用

$\Sigma X = 0 : H_A = 0$

$\Sigma Y = 0 : -10 + V_A = 0$

$\Sigma_A M = 0 : -10 \times 5 + M_A = 0$

●$\Sigma_A M = 0$ の表記の A が基準点を示す。

解説　モーメントのつり合い条件式（$\Sigma M = 0$）は，任意の1点を基準点として，時計回りを正，反時計回りを負として，その**基準点周り**の**モーメントをすべて**加算する。

　　　$\Sigma M = 0$ の式を立てる基準点はどこでもよいが，未知数ができるだけ少なくなる点（仮定した反力の作用線上）を選ぶと計算が簡単になる。ここでは A 点で $\Sigma M = 0$ の式を立て，V_A が式に含まれないようにした。

Step 3　反力計算

つり合い条件式を解くと，次のようになる。

　　$H_A = 0$ kN，$V_A = 10$ kN，$M_A = 50$ kNm

Step 4 つり合い系の作図

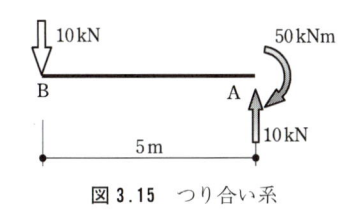

図 3.15 つり合い系

解説 つり合い系を描いたところで，構造物全体がつり合っていることを概観しておく。鉛直方向の力は下向きと上向きでつり合っているが，これだけでは構造体が反時計回りに回転してしまう。ここに時計回りのモーメントが加わり，静止している。

例題 4 **自由端に鉛直荷重が作用する片持ち梁**

例題 3 に引き続き，次のつり合い系の応力図を描きなさい。

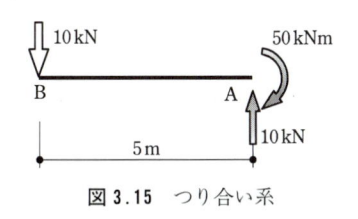

図 3.15 つり合い系

●曲げモーメントと，せん断力について理解しよう。

Step 5 区間ごとの応力を求める。

B 点を基準に，B 点から右側に x 離れた点の応力を求めて（図 3.16），表にする。

区　　間	B-A 間
M（曲げモーメント）	$-10x$
Q（せん断力）	-10

また，x の関数で表された応力については，その区間の両端における応力の値を求める。

B 点（$x=0$）　　$M_{BA}=0$ kNm
A 点（$x=5$）　　$M_{AB}=-10×5=-50$ kNm

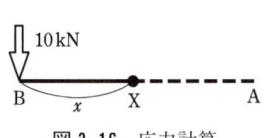

図 3.16 応力計算

Point
せん断力は
　　BA 間で一定の値であるが，
モーメントは，
　　B 点から離れるにつれて大きくなる。

● M_{BA} は，BA 区間の B 点の曲げモーメントを表す。
● M_{AB} は，BA 区間の A 点の曲げモーメントを表す。

解説 例題の構造物の変形の概要は，図 3.17 と図 3.18 のようになる。この変形後の部材の一部を切り出して考えると，図 3.19 のような湾曲した変形と図 3.20 のようなずれる変形とに分けて考えられる。

湾曲した変形を**曲げ変形**と呼び，この変形を生じさせる応力を**曲げモーメント**という。

また，ずれる変形を**せん断変形**とよび，この変形を生じさせる部材と直角の応力を**せん断力**という。

曲げモーメントは，図 3.19 のように切り出した部分の表面が凸となる側，つまり部材表面が**引張側になる側に曲げモーメント図を描く**。**せん断力は切り出した部分の左側が上向きの場合を正**と定義する（図 3.20）。

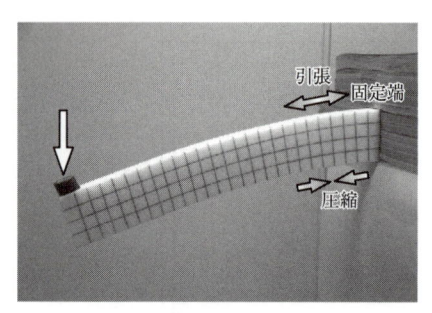

図 3.17 模型による変形の概要

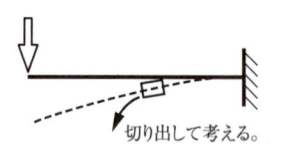

図 3.18 変形の概要

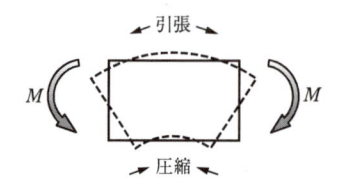

図 3.19 曲げ変形と曲げモーメント

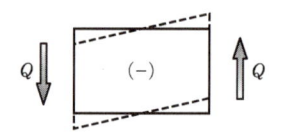

図 3.20 せん断変形とせん断力

- 本書で用いている模型は，硬いスポンジにより製作した。

- 実際の変形は「湾曲」と「ずれ」の組合せだが，別々に考えることができる。

- 応力には，曲げモーメント，せん断力，軸力の 3 種類がある。軸力については 3.1.1 で扱った。

点Xで仮想的に切断して左半分を見る。

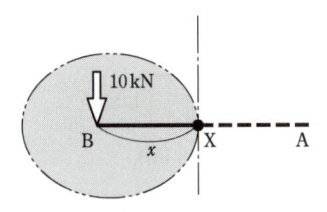

図 3.21　応力計算

図 3.21 ように，B-A 間の任意の点 X で部材を仮想的に切断し，その片側（左半分の網掛け部分）にある力から，X 点での応力を求める。

● ここでは左半分を見ているが，右半分でも同様に解くことができる。

曲げモーメントは(力)×(X点までの距離)であり，回転方向が切断点に対して反時計回りなので，符号は負となり，次式のようになる。

$$M_X = -10x$$

せん断力は，部材と直角の力で，X 点に対して左側にある力が下向きなので（図 3.22），符号は負とし，次式となる（X 点の左側にある力が点 X に対して見かけ上，反時計回りの場合を負と考えてもよい）。

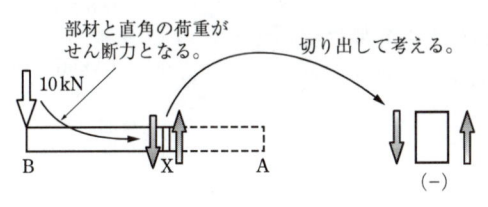

$$Q_X = -10$$

図 3.22　せん断力の計算

Point
せん断力の符号の定義は，一対の力が時計回りが正，反時計回りが負と考えられる（曲げモーメントと同じ）。

以上の結果を表形式で表示すると，次のようになる。

区　間	B-A 間
M（曲げモーメント）	$-10x$
Q（せん断力）	-10

また，モーメント図を描くときに，A 点および B 点の曲げモーメントの値が必要なので求めると，次のようになる。

B 点は $x=0$ m なので，$-10x$ に代入して，$M_{BA}=0$ kNm

A 点は $x=5$ m なので，同様に，$M_{AB}=-10\times5=-50$ kNm

● 曲げモーメントの材軸方向の傾きは，せん断力の大きさと等しい。つまり，曲げモーメントを x で微分すると，せん断力となる。

Step 6 応力を図示する。

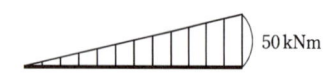

図 3.23 曲げモーメント図（B.M.D.）

図 3.24 せん断力図（S.F.D.）

Point
Step 5 のように x の関数を考えるのが苦手な人は，点 A と点 B の曲げモーメントの数値を直接求めて，2 点を結んでモーメント図を描くこともできる。

Point
区間の途中に部材に直角の力や力のモーメントが作用していない場合は，せん断力図は変化せず，曲げモーメント図は直線的に変化する。

解説 曲げモーメント図（B.M.D.）は引張側に描く決まりである。

つり合い系で図 3.25 のように応力を計算するときの X 点を固定端とみなして，その左側の変形を考える。このとき部材の表面が引張になる側（変形が凸となる側）は上側であるので，曲げモーメント図も部材の上側に描く（図 3.23）。B 点は 0 kNm，A 点は 50 kNm で，B-A 間は一定の傾きなので，直線で結ぶ。

せん断力図（S.F.D.）は B-A 間が 10 kN で，符号が負なので，図中に符号を書き込む。せん断力図は部材のどちら側に描いてもよいが，ここでは水平部材を扱うので，正のときには上，負のときには下に描くことにする。

- 点 X を不動点と考え，構造物の変形を考えると分かりやすい。
- 曲げモーメント図：B.M.D.（Bending Moment Diagram）
- せん断力図：S.F.D.（Shearing Force Diagram）
- 軸力図：A.F.D.（Axial Force Diagram）
- 曲げモーメント図には，符号を書く必要はない。

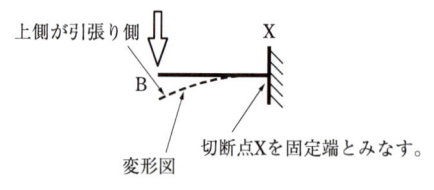

図 3.25 曲げモーメント図を描くための変形図

Point
コンクリートは引張力に弱いから，鉄筋コンクリート部材は曲げモーメント図の大きい場所の引張側がひび割れやすい。

Point
曲げモーメント図をどちら側に描くか迷う人は，3.1.2 節のまとめの図（p.52）を参考にしよう。

例題4 参考

応力を求める方法に，例題4の解答例とは異なり，部材を仮想的に切断し，左半分に対して，切断点に応力を仮定して，つり合い条件を適用する方法がある（図3.26）。

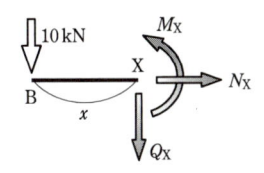

図 3.26 応力の計算

仮定する応力は，曲げモーメントを M_X，せん断力を Q_X，軸力を N_X とする。応力の向きは，応力が正の値になるように，図の向きに設定するとよい。なお，この場合曲げモーメントは，下側が引張り側となる場合を正とする。

切断点に応力を仮定したので，切断された図の部分はつり合い状態となるため，これにつり合い条件を適用することとする。

$\Sigma X = 0 : N_X = 0$

$\Sigma Y = 0 : -10 - Q_X = 0$

$\Sigma_X M = 0 : -10x - M_X = 0$ （モーメントのつり合いは切断点Xにおいて考えるとよい）

これを解くと，$N_X = 0$，$Q_X = -10$，$M_X = -10x$ となり，前述の応力を直接求める方法と同じ結果となる。この計算過程を見て分かるように，応力を直接求める方法は，つり合い条件式を書かずに，つり合い条件から各応力を求めていることと同じである。

本書では，応力を直感的に把握しやすいことから，応力を直接求める方法を採用している。

例題1〜例題4のまとめ

応力の定義

曲げモーメント ○表面が引張側(変形が凸またはひび割れが入る側)に曲げモーメントの図を描く(下図参照)。

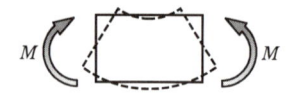

せん断力 ○部材と直角方向の1対の力が見かけ上時計回りのとき＋

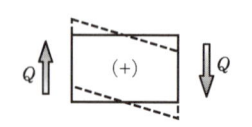

軸力 ○引張力のとき＋

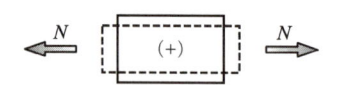

曲げモーメント図を描く方向

実線が曲げモーメント図,破線が梁の変形を示す。

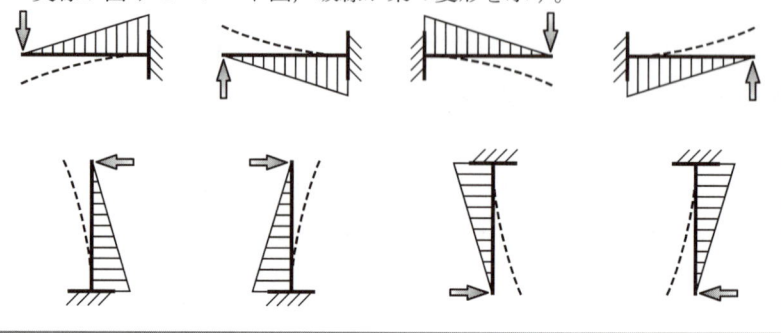

● これらの図を単に覚えるのではなく,荷重が作用したときの梁の変形を考え,表面が引張(凸)となる側に曲げモーメントを描くと覚えるとよい。

3.1.3　2つの集中荷重が作用する片持ち梁

> **例題 5**
> 2つの集中荷重が作用する片持ち梁の支点反力を求め，応力図を描きなさい。 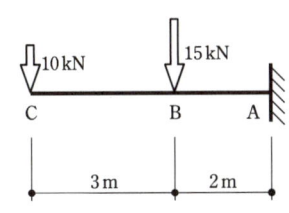
>
> 図 3.27　2つの集中荷重が作用する片持ち梁

【解答例】

Step 1　支点反力の仮定

次の図のように，支点反力の仮定を図示する。

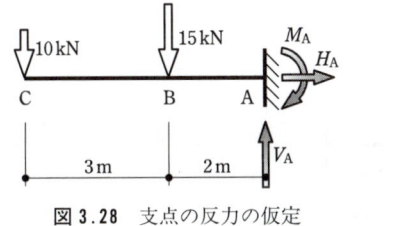

図 3.28　支点の反力の仮定 　　　＋の方向

Step 2　つり合い条件の適用

$\Sigma X = 0：H_A = 0$

$\Sigma Y = 0：-10 - 15 + V_A = 0$

$\Sigma_A M = 0：-10 \times 5 - 15 \times 2 + M_A = 0$

Step 3　反力を求める。

よって，$H_A = 0$ kN，$V_A = 25$ kN，$M_A = 80$ kNm

Step 4　つり合い系を描く。

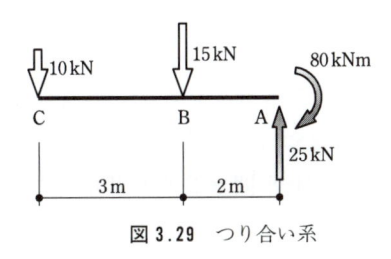

図 3.29　つり合い系

54　第3章　静定構造物の反力と応力

Step 5　区間ごとの応力を求める。

C点から右に x 離れた点の応力を，その左側の力を使って求める。

区　　　間	C-B 間	B-A 間
M（曲げモーメント）	$-10x$	$-10x-15(x-3)$ $=-25x+45$
Q（せん断力）	-10	$-10-15=-25$

B点（C-B間：$x=3$）　$M_{BC}=-30\,\mathrm{kNm}$

A点（B-A間：$x=5$）　$M_{AB}=-25\times5+45=-80\,\mathrm{kNm}$

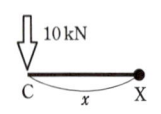

図 3.30　応力計算（C-B 間）

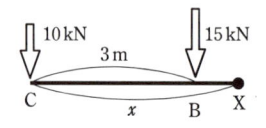

図 3.31　応力計算（B-A 間）

Step 6　応力を図示する。

図 3.32 から，C-B 間の曲げモーメントは部材の上に描く。
B-A 間も同様に，上に描く。

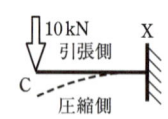

図 3.32　C-E 間の変形図

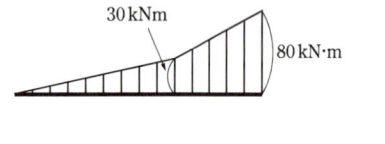

図 3.33　曲げモーメント図（B.M.D.）

図 3.34　せん断力図（S.F.D.）

● 図 3.30 を図 3.32 のように，X 点を固定端とみなして変形を考え，曲げモーメントを描く側を決める。

解説　2つの集中荷重が作用する片持ち梁の反力計算は，例題1〜4と同様に行う（Step 1〜Step 4）。応力を求める際には，応力が1つの式または値で表示されるように，区間分けを行う。

　片持ち梁では，固定端，自由端，集中外力の作用する点，モーメント外力の作用する点で区間分けするとよい。

　本例題では，C-B 間，B-A 間の2つに区間分けをする。

　応力を計算する点については，ある任意の固定点を基準点に選び，そこからの距離を x とする。本例題では，2つの区間共に C 点を基準点としたが，C-B 間は C 点を基準点に，B-A 間は B 点を基準点にしてもよい。

例題5 参考

　2つ以上の荷重が作用する場合，それらの荷重が1つずつ作用する場合の反力および応力を求め，その結果を足し合わせることにより，2つ以上の荷重が同時に作用する場合の反力および応力を求めることができる。

　これは「重ね合せの原理」とよばれ，剛体の力学で成立する原理である。変位が小さく，力とその作用点の変位の関係が正比例にある場合（弾性体）にも適用できる。

　この原理を利用すると，p.53 例題5の図3.27の問題の反力と応力の解は，外力が1つとなるように図3.35の左右に示す2つの場合に分けて解くことになる。これらについて図3.36〜38のように反力・応力を求め，計算した結果を足し合わせたものが例題5の解となる。

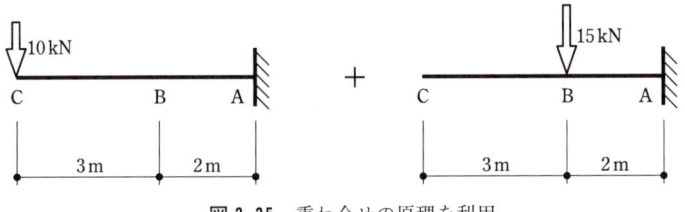

図3.35 重ね合せの原理を利用

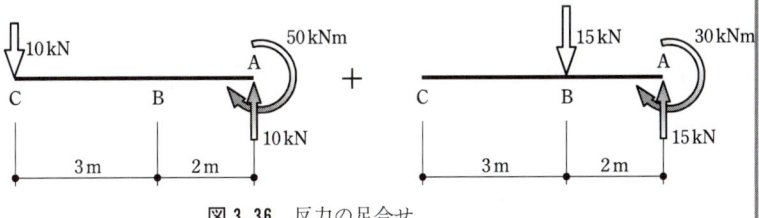

図3.36 反力の足合せ　●図3.29と比較

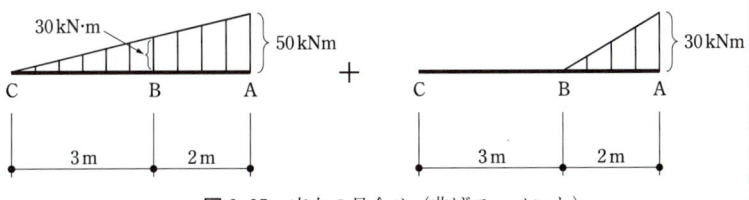

図3.37 応力の足合せ（曲げモーメント）　●図3.33と比較

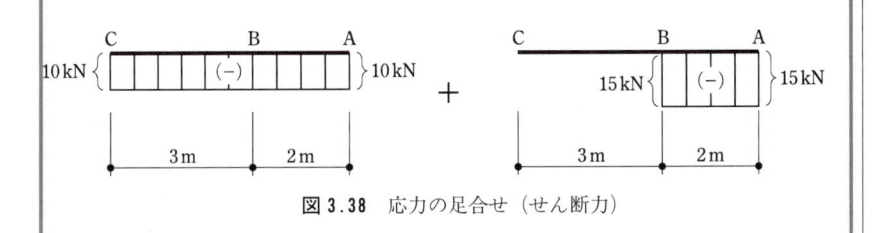

図3.38 応力の足合せ（せん断力）　●図3.34と比較

3.1.4 等分布荷重が作用する片持ち梁

例題 6

等分布荷重が作用する片持ち梁の支点反力を求め，応力図を描きなさい。

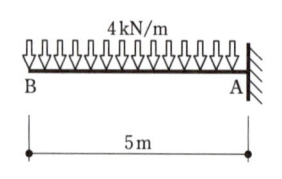

図 3.39 等分布荷重が作用する片持ち梁

【解答例】

Step 1 支点反力の仮定

図 3.40 のように支点反力の仮定を図示する。等分布荷重はその合力としての集中荷重（大きさ：4×5＝20 kN，位置：等分布荷重の幅の中心）に置き換えて考える。

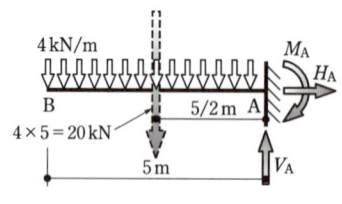

図 3.40 支点の反力の仮定　　＋の方向

●分布荷重のつり合い条件での考え方は 2.4.3 の分布荷重の合成(p.37)を参照。

Step 2 つり合い条件の適用（図 3.40 の右に＋の方向を示す）

$\Sigma X=0：H_A=0$

$\Sigma Y=0：-4\times 5+V_A=0$

$\Sigma_A M=0：-4\times 5\times 5/2+M_A=0$

Step 3 連立して反力を求める。

よって，$H_A=0$ kN，$V_A=20$ kN，$M_A=50$ kNm

Step 4 つり合い系を描く。

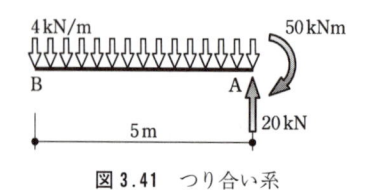

図 3.41 つり合い系

Step 5 区間ごとの応力を求める。

B点から右にx離れた点の応力を,その左側の力を使って求める。

区　　間	B-A間
M（曲げモーメント）	$-4 \times x \times x/2 = -2x^2$
Q（せん断力）	$-4 \times x$

B点（$x=0$）　$M_{BA}=0$ kNm
$\qquad\qquad\quad Q_{BA}=0$ kN

A点（$x=5$）　$M_{AB}=-2 \times 5^2=-50$ kNm
$\qquad\qquad\quad Q_{AB}=-20$ kN

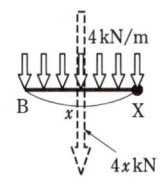

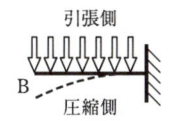

図 3.42　応力計算　　　　　図 3.43　曲げモーメント図のための変形

Step 6 応力を図示する。

図 3.43 から,曲げモーメントは部材の上に描く。また,曲げモーメント図は自由端を頂点とした下に凸の 2 次曲線となる。

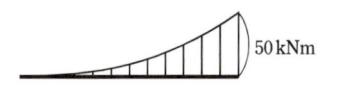

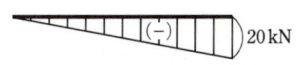

図 3.44　曲げモーメント図（B.M.D.）　　　図 3.45　せん断力図（S.F.D.）

解説　分布荷重は,本例題のように,部材の単位長さ当たりの重量として与えられるのが一般的であるが,総重量として与えられる場合もある。

単位長さ(部材長さ方向)当たりの重量の場合は単位が kN/m であり,総重量の場合は kN となっているので,単位に注意する必要がある。

分布荷重の外力がある場合,支点の反力を求めるためにつり合い条件を適用するときは,図 3.40 の図中に破線の矢印で示したように,**分布荷重の合力としての集中荷重に置き換えて考える**。

集中荷重の大きさは本例題のように等分布荷重の場合,kN/m の単位であれば,(等分布荷重の大きさ)×(等分布荷重の幅)で求められる。kN の単位であれば,分布荷重の大きさそのものを集中荷重の大きさとする。

集中荷重の作用する位置は,分布荷重の重心位置とする。等分布荷重の場合は,その分布荷重のかかる幅の中央とする。

例題6 参考

片持ち梁に分布荷重が作用する場合の曲げモーメント図は，等分布荷重を集中荷重に置き換えた場合の曲げモーメントの線と，部材の線に接する2次曲線となる（図3.46）。これを利用して曲げモーメント図を作図するとより正確な図を描くことができる。

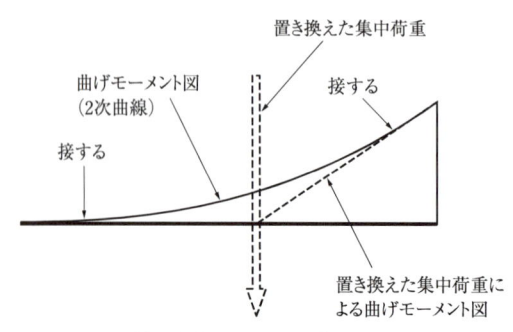

図3.46 等分布荷重の場合の曲げモーメント図

3.1.5 三角形分布荷重が作用する片持ち梁

例題7

三角形分布荷重が作用する片持ち梁の支点反力を求め，応力図を描きなさい。

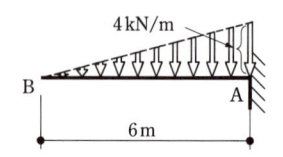

図3.47 三角形分布荷重が作用する片持ち梁

【解答例】

Step 1 支点反力の仮定

次の図のように，支点反力の仮定を図示する。三角形分布荷重はその合力としての集中荷重（大きさ：$4 \times 6/2 = 12 \text{ kN}$，位置：三角形分布荷重の幅の$1/3$の点）に置き換えて考える。

●2.4.3の参考「等変分布荷重」を参照（p.38）

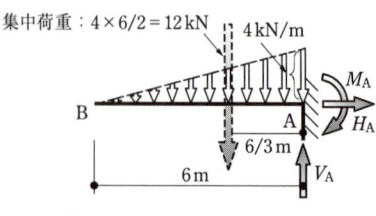

図3.48 支点の反力の仮定

Step 2 つり合い条件の適用（図 3.48 の右に＋の方向を示す）

$\Sigma X = 0 : H_A = 0$

$\Sigma Y = 0 : -4 \times 6/2 + V_A = 0$

$\quad\quad\quad\quad -12 + V_A = 0$

$\Sigma_A M = 0 : -4 \times 6/2 \times 6/3 + M_A = 0$

$\quad\quad\quad\quad -24 + M_A = 0$

Step 3 上式より反力を求める。

よって，$H_A = 0$ kN，$V_A = 12$ kN，$M_A = 24$ kNm

Step 4 つり合い系を描く。

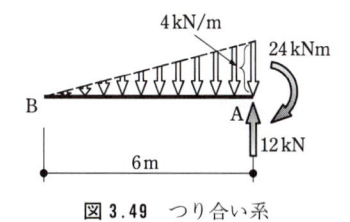

図 3.49　つり合い系

Step 5 区間ごとの応力を求める。

B点から右に x 離れた点の応力を，その左側の力を使って求める。

区　間	B-A 間
M	$-\dfrac{x^2}{3}\times\dfrac{x}{3}=-\dfrac{x^3}{9}$
Q	$-\dfrac{x^2}{3}$

A点 $(x=6)$：$M_{AB}=-6^3/9=-24\text{ kNm}$
　　　　　　　$Q_{AB}=-6^2/3=-12\text{ kN}$

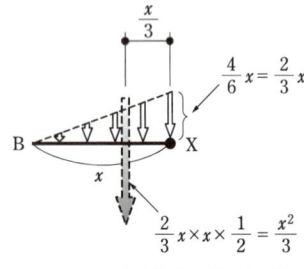

図3.50　応力計算（B-A 間）

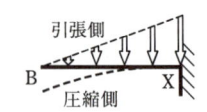

図3.51　曲げモーメント図のための変形

Step 6 応力を図示する。

図3.51から，曲げモーメントは部材の上に描く。また，曲げモーメント図のB-A 間は，自由端を頂点とした下に凸の3次曲線となる。

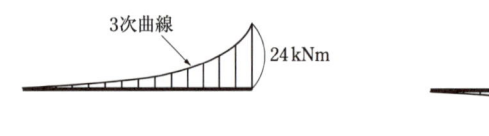

図3.52　曲げモーメント図（B.M.D.）

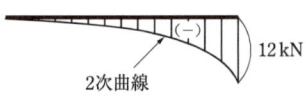

図3.53　せん断力図（S.F.D.）

解説　三角形分布荷重の外力が作用する場合，反力計算ではその合力として，**集中荷重に置き換えて**計算を行う（等分布荷重の場合と同様）。

三角形分布荷重の場合は，集中荷重の大きさは

　　（三角形分布荷重の大きさ）×（三角形分布荷重の幅）× $\dfrac{1}{2}$

で求められる。集中荷重の作用する位置は，三角形分布荷重の重心位置であるので，三角形分布荷重の作用する幅の荷重の大きい側から $\dfrac{1}{3}$ の位置とする。

応力図の特徴として，三角形分布荷重の外力が作用している区間の曲げモーメントは3次曲線となり，せん断力図は2次曲線となる。

●例題6の解説(p.57)

3.1.6 モーメント荷重が作用する片持ち梁

> **例題 8**
> 自由端にモーメント荷重が作用する片持ち梁の支点反力を求め，応力図を描きなさい。 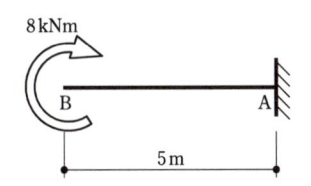
>
> **図 3.54** 自由端にモーメント荷重が作用する片持ち梁

【解答例】

Step 1 支点反力の仮定

次の図のように，支点反力の仮定を図示する。

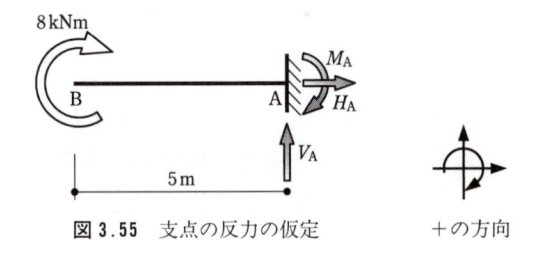

図 3.55 支点の反力の仮定　　＋の方向

Step 2 つり合い条件の適用 （図 3.55 の右に＋の方向を示す）

$\Sigma X = 0 : H_A = 0$

$\Sigma Y = 0 : V_A = 0$

$\Sigma_A M = 0 : 8 + M_A = 0$

Step 3 連立して反力を求める。

よって，$H_A = 0$ kN，$V_A = 0$ kN，$M_A = -8$ kNm

Step 4 つり合い系を描く。

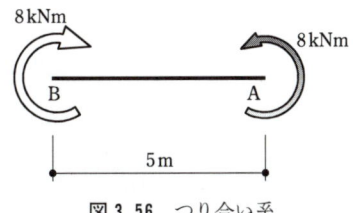

図 3.56 つり合い系

Step 5　区間ごとの応力を求める。

B点から右に x 離れた点の応力を，その左側の力を使って求める。

区　　間	B-A間
M（曲げモーメント）	8
Q（せん断力）	0

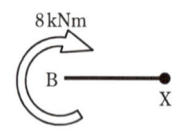

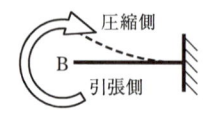

図3.57　応力計算　　　図3.58　曲げモーメント図のための変形

Step 6　応力を図示する。

図3.58から，曲げモーメントは部材の下に描く。

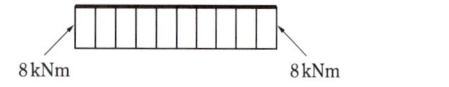

図3.59　曲げモーメント図（B.M.D.）　　　図3.60　せん断力図（S.F.D.）

解説　Step 2のモーメントのつり合い条件では，**モーメント荷重は**集中荷重等と異なり**基準とする点からの距離によらない**ことに注意する。

つまり次の式において，外力のモーメント荷重は8kNmであるので，そのまま8kNmをモーメントのつり合い式に算入する。

$$\Sigma_A M = 0：8 + M_A = 0$$

Step 3で M_A の値がマイナスとなったのは，Step 1で M_A の向きが逆であったことを示し，次のStep 4のつり合い系にモーメント反力の矢印の向きを仮定と逆にして描き，＋や－を削除した数値（絶対値）を書き込む。

Step 5における図3.58の変形のようすについては，模型やものさし等で確かめてみるとよい。

3.1.7 斜め荷重が作用する片持ち梁

例題 9

斜め荷重が作用する片持ち梁の支点反力を求め，応力図を描きなさい。

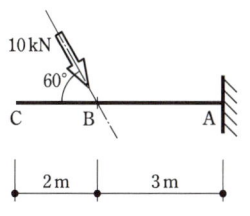

図 3.61 斜め荷重が作用する片持ち梁　　三角形の辺の比の例

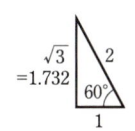

【解答例】

Step 1 支点反力の仮定

図 3.62 のように外力支点反力の仮定を図示する。また，次の式のように集中外力を水平・鉛直成分に分解し，2 力が作用する場合として解く。

●1 章　力の分解

$$外力の水平成分：10 \times \frac{1}{2} = 5 \text{ kN}$$

$$外力の鉛直成分：10 \times \frac{\sqrt{3}}{2} = 8.660 \text{ kN}$$

●途中計算は，有効数字 4 桁とする (p.65)。

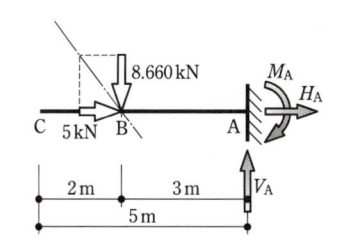

図 3.62 外力の分解と支点の反力の仮定　　＋の方向

Step 2 つり合い条件の適用（図 3.62 の右に＋の方向を示す）

$\Sigma X = 0：5 + H_A = 0$

$\Sigma Y = 0：V_A - 8.660 = 0$

$\Sigma_A M = 0：-8.660 \times 3 + M_A = 0$

Step 3 反力を求める。

よって，$H_A = -5 \text{ kN}$，$V_A = 8.660 \text{ kN}$，$M_A = 25.98 \text{ kNm}$

第3章 静定構造物の反力と応力

Step 4 つり合い系を描く。

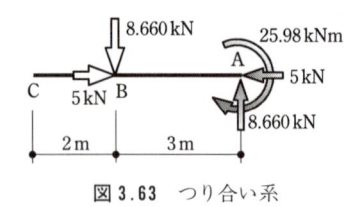

図 3.63 つり合い系

Step 5 区間ごとの応力を求める。

B点から右に x 離れた点の応力をその左側の力を使って求める。

区　間	C-B 間	B-A 間
M（曲げモーメント）	0	$-8.660x$
Q（せん断力）	0	-8.660
N（軸力）	0	-5

$M_{AB} = -8.660 \times 3 = -25.98 \text{ kNm} \rightarrow -26.0 \text{ kNm}$

● 有効数字3桁とする (p.65)。

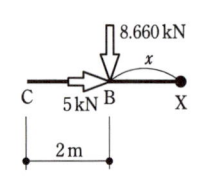

図 3.64 応力計算 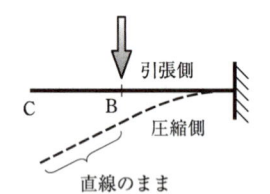　　図 3.65 曲げモーメント図のための変形

Step 6 応力を図示する。

図 3.65 から，曲げモーメントは部材の上に描く。

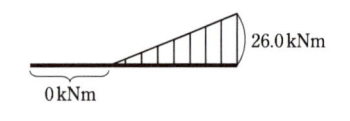

図 3.66 曲げモーメント図（B.M.D.） 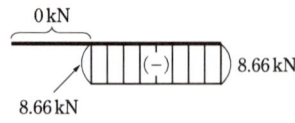　　図 3.67 せん断力図（S.F.D.）

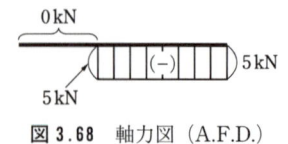

図 3.68 軸力図（A.F.D.）

解説 部材に対して斜めとなる荷重が作用する場合は，斜め荷重を水平荷重と鉛直荷重に分解して，これらの2つの荷重が同時に作用する場合として解く。

解答例では斜め荷重を直角三角形の辺の比として計算しているが，三角関数を用いて，次の式のように解いてもよい。

　　　外力の水平成分：$10 \times \cos 60° = 5$ kN
　　　外力の鉛直成分：$10 \times \sin 60° = 8.660\text{\small 2}$ kN

●付録 ⑥ p. 190 の三角関数表を参照。

構造力学で用いる最終的な数値は，<u>一般的に有効数字3桁で表記すること</u>が多いので，本書でも有効数字3桁となるようにした。なお，途中計算では有効数字4桁とし，最終的な答えは四捨五入して有効3桁とする。したがって，Step 1～Step 5 までは有効数字4桁で計算を行い，Step 6 の応力図の中の数値は有効3桁で表記した。

●例題 12 参考

B-A 間の応力を求める際に，応力を求める点 X の位置は B 点を基準点としてそこからの距離とした。これは後の計算がしやすい点を基準点としたためで，基準点は C 点でもほかの点でも構わない。

C-B 間は左側に荷重や反力が全くないので，応力も生じない。

例題 12 参考

構造力学で扱う数値は，次の2点に注意する。
（1） 単位を明記する。
（2） 有効数字は3桁とする。ただし，途中計算では効率的に計算するために1桁増やして有効数字4桁で計算を進める。

なお，有効数字の桁数は，数字の左側の先頭の 0 を除いた左側からの数字の個数で表す。以下に例示する。

例） 0.1234，1.234，12.34 はいずれも有効数字4桁である。
　　 0.1230，1.230，12.30 はいずれも有効数字4桁である。
　　 0.123，1.23，12.3 はいずれも有効数字3桁である。

1.230×10^3 は有効数字4桁であり，1230 は有効数字3桁か4桁か分からない表記である。1.230×10^3 と書くべきであるが，構造力学では上記 (2) が原則であるので，1230 と表記した場合，途中計算では有効数字4桁，最終結果では有効数字3桁とみなされるので，この表記でもよい。

3.1.8 曲げモーメントの作図

例題 10

次の片持ち梁の曲げモーメント図を描きなさい。ただし，計算しないで描くものとする。(a)～(p) の図中の集中荷重の大きさ P やモーメント荷重 M はそれぞれすべて等しいものとする。また，曲げモーメントの大きさ（数値）は P と L または M で表記しなさい。

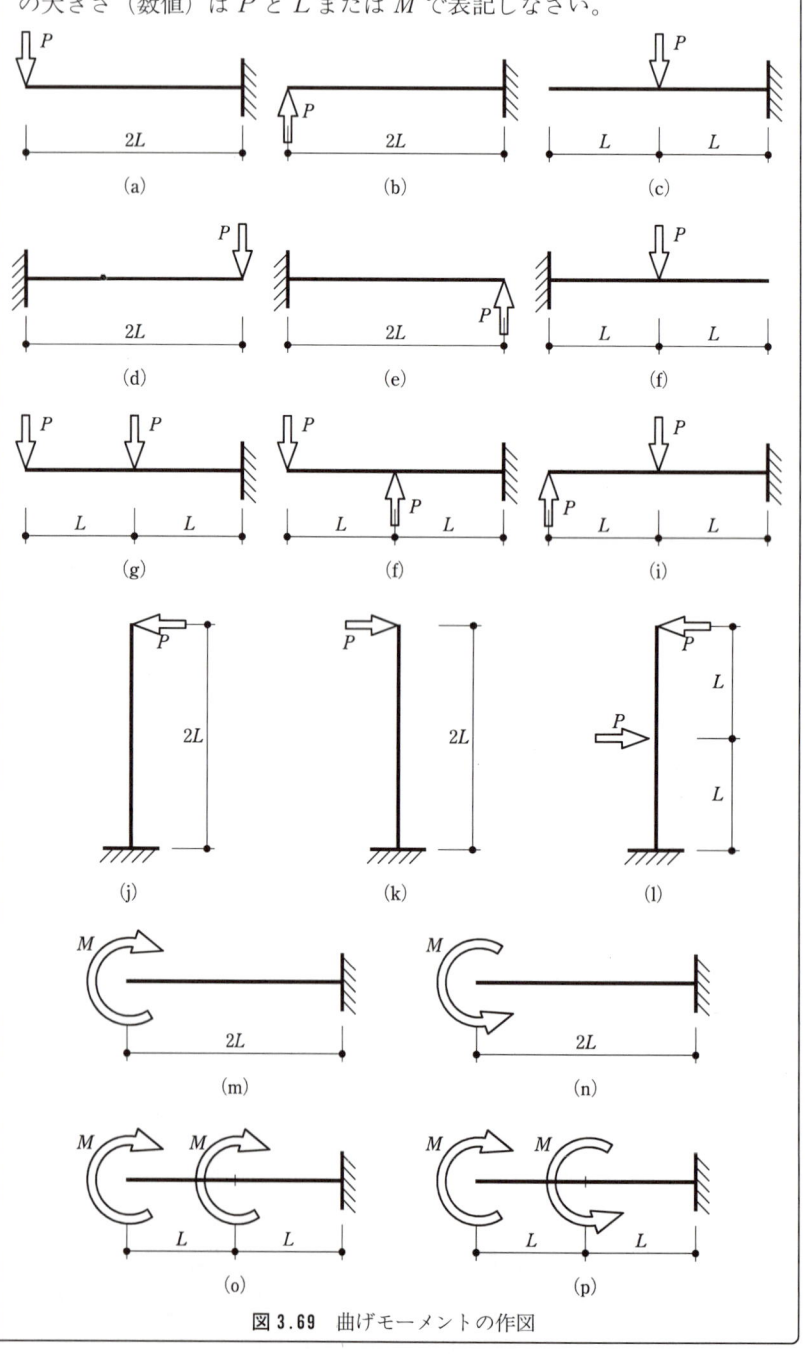

図 3.69 曲げモーメントの作図

3・1 片持ち梁

【解答例】
　曲げモーメントの定義通りに作図を行う。集中荷重およびモーメントの矢印の向きに注意する。

● 例題4の解説参照。（p.50）

● 例題1～例題4のまとめ参照（p.52）。

● 部材の途中に集中荷重が作用する場合は、曲げモーメントの傾きが変化する。

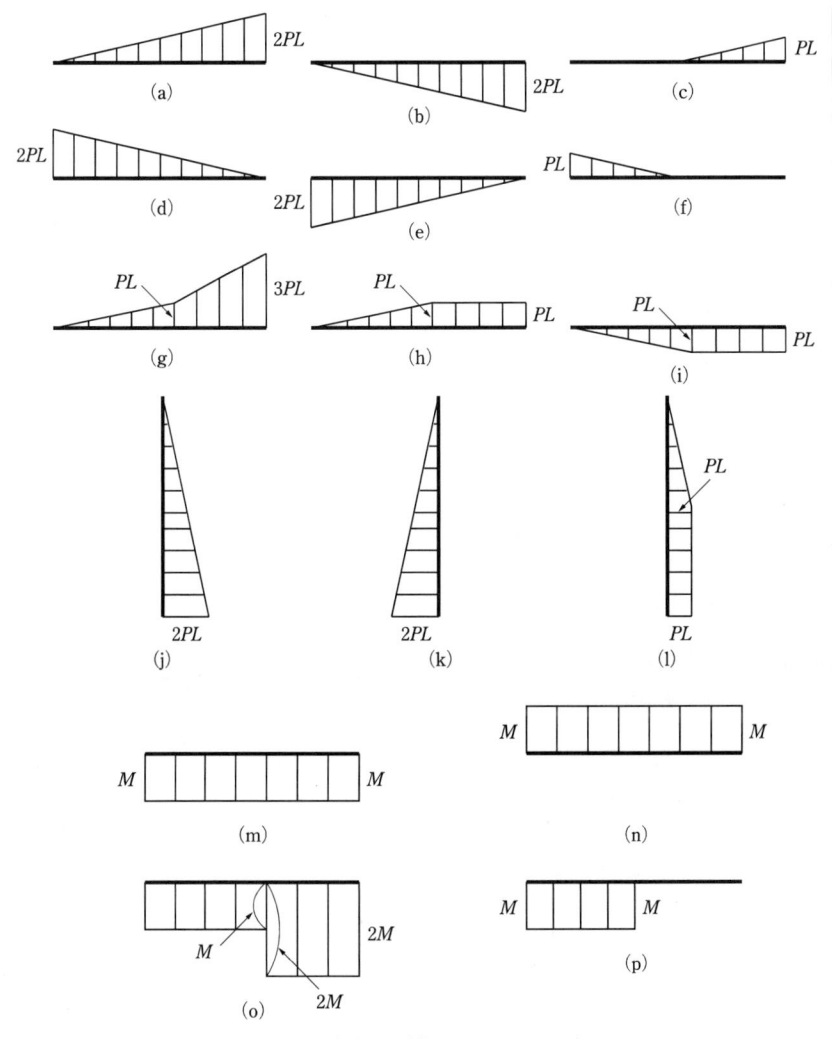

図3.70　解答例（曲げモーメント図）

● 部材の途中にモーメント荷重が作用する場合は、その大きさだけ曲げモーメントに段差ができる。

解説　この問題により、曲げモーメントの生じ方を感覚的に把握する。次の点に注意する。
① 曲げモーメントの大きさは（集中荷重）×（距離）であること
② 曲げモーメントは部材の変形を考え、引張側に描くこと
③ モーメント荷重は距離によらないこと

3・2 単純梁

一つの部材の左右両端を支持したものを**単純梁**という（図3.71）。

構造力学では，図3.72のように部材を線材に置換し，一端を**ピン端**，他端を**ローラー端**にモデル化して考える。ピン端は支点の一種で，2つの反力（水平反力，鉛直反力）が生じるものとして，ローラー端は1つの反力（鉛直反力）が生じるものとして扱う。

単純梁の反力・応力の求め方は，片持ち梁と同じ手順で行うことができる。

● 1・3 構造物のモデル化（p.6）参照
● 反力は，1・3 (3)（p.9）を参照
● 3・1 片持ち梁（p.41）参照

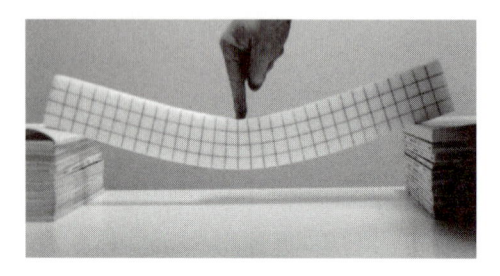

図 3.71 単純梁の模型

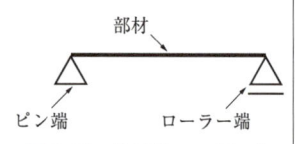

図 3.72 単純梁のモデル化

3.2.1　1つの集中荷重が作用する単純梁

> **例題 11**　1つの集中荷重が作用する単純梁
>
> 支点反力を求め，応力図を描きなさい。 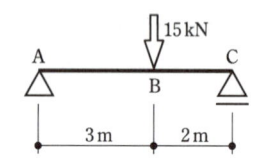
>
> **図 3.73**　1つの集中荷重が作用する

【解答例】

Step 1　支点反力の仮定

図3.74のように，支点反力の仮定を図示する。

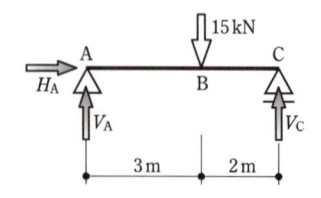

図 3.74　支点の反力の仮定 　　＋の方向

解説　反力の仮定は，図が△（ピン支点）の場合は水平・鉛直の**2力**を，△（ローラー支点）の場合は△に付属する直線（この例では下側の線）の**垂直方向の1つの力**を反力として仮定する。

● 1・3 (3) の 図1.13 (c)（p.9）参照。

Step 2 つり合い条件の適用

$\Sigma X = 0：H_A = 0$ 　　　　　　　　　…①

$\Sigma Y = 0：V_A + V_C - 15 = 0$ 　　　…②

$\Sigma_A M = 0：-V_C \times 5 + 15 \times 3 = 0$ 　…③

●A点周りのモーメントのつり合いを考える。

Step 3 反力計算（①,②,③を解く）

③より，$V_C = 9$

これを②に代入して，$V_A = 6$

よって，$H_A = 0$ kN，$V_C = 9$ kN，$V_A = 6$ kN

Step 4 つり合い系の作図

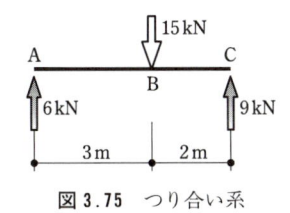

図 3.75　つり合い系

Step 5 区間ごとの応力を求める。

A-B間，B-C間ともに，A点から右に x 離れた点Xの応力をその左側の力を使って求める。

区　　間	A-B間	B-C間
M（曲げモーメント）	$6x$	$6x - 15(x-3)$ $= -9x + 45$
Q（せん断力）	6	$6 - 15 = -9$

A点（A-B間：$x=0$）$M_{AB} = 6 \times 0 = 0$ kNm

B点（A-B間：$x=3$）$M_{BA} = 6 \times 3 = 18$ kNm

C点（B-C間：$x=5$）$M_{CB} = -9 \times 5 + 45 = 0$ kNm

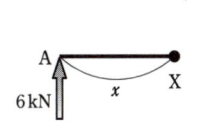

図 3.76　応力計算（A-B間）　　図 3.77　応力計算（B-C間）

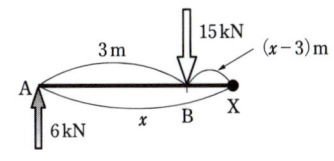

第3章 静定構造物の反力と応力

Step 6　応力図の作図

図 3.78 から，A-B 間は曲げモーメントは部材の下に描く。B-C 間は図 3.79 より部材の下に描く。

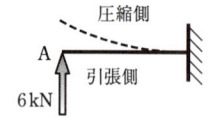

図 3.78　A-B 間の変形図

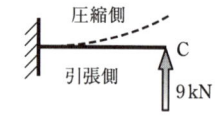

図 3.79　B-C 間の変形図

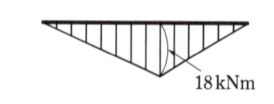

図 3.80　曲げモーメント図（B.M.D.）

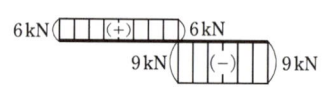

図 3.81　せん断力図（S.F.D.）

● p.68 図 3.71 の模型全体の変形状況も参照。

3.2.2 2つの集中荷重が作用する単純梁

例題 12 2つの集中荷重が作用する単純梁

支点反力を求め，応力図を描きなさい。

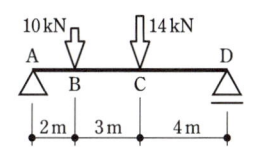

図 3.82 2つの集中荷重が作用する単純梁

【解答例】

Step 1 支点反力の仮定

次の図のように，支点反力の仮定を図示する。

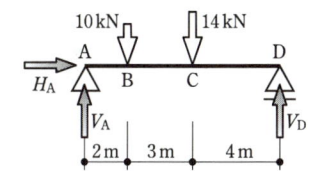

図 3.83 支点の反力の仮定　　＋の方向

Step 2 つり合い条件の適用

$\Sigma X = 0: H_A = 0$ …①
$\Sigma Y = 0: V_A + V_D - 10 - 14 = 0$ …②
$\Sigma_A M = 0: -V_D \times 9 + 14 \times 5 + 10 \times 2 = 0$ …③

Step 3 反力計算（①, ②, ③を解く）

③から，$V_D = 90/9 = 10$ kN

これを②に代入して，$V_A = 14$ kN

よって，$H_A = 0$ kN，$V_A = 14$ kN，$V_D = 10$ kN

Step 4 つり合い系の作図

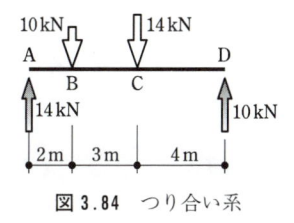

図 3.84 つり合い系

Step 5　区間ごとの応力を求める。

A-B 間，B-C 間ともに，A 点から右に x 離れた点 X の応力を，その左側の力を使って求める。C-D 間は，D 点から左に x' 離れた点 X′ の応力を，その右側の力を使って求める。

区　　間	A-B 間	B-C 間	C-D 間
M（曲げモーメント）	$14x$	$14x-10(x-2)$ $=4x+20$	$-10x'$
Q（せん断力）	14	$14-10=4$	-10

A 点（A-B 間：$x=0$）　$M_{AB}=14\times 0=0$ kNm
B 点（B-C 間：$x=2$）　$M_{BC}=4\times 2+20=28$ kNm
C 点（C-D 間：$x'=4$）　$M_{CD}=-10\times 4=-40$ kNm
D 点（C-D 間：$x'=0$）　$M_{CB}=-10\times 0=0$ kNm

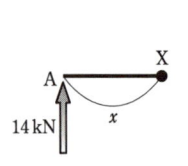

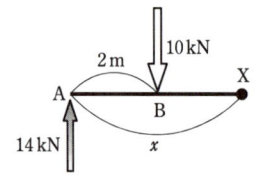

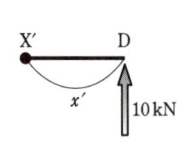

(1) A-B 間（左側）　　(2) B-C 間（左側）　　(3) C-D 間（右側）

図 3.85　応力計算

Step 6　応力図の作図

図 3.86 から，A-B 間の曲げモーメントは部材の下に描く。C-D 間は図 3.87 より部材の下に描く。

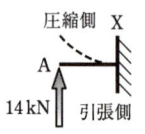

図 3.86　A-B 間の変形図　　図 3.87　C-D 間の変形図

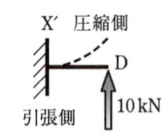

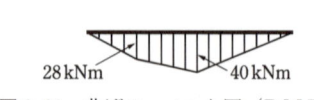

図 3.88　曲げモーメント図（B.M.D.）　　図 3.89　せん断力図（S.F.D.）

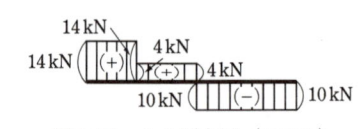

3.2.3　等分布荷重が作用する単純梁

例題 13　等分布荷重が作用する単純梁

支点反力を求め，応力図を描きなさい。

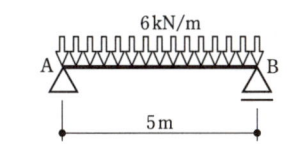

図 3.90　等分布荷重が作用する単純梁

> ●等分布荷重の大きさは，単位 [kN/m] のとおり，部材方向の長さ当たりの重量としている。

【解答例】

Step 1　支点反力の仮定

次の図のように，支点反力の仮定を図示する。

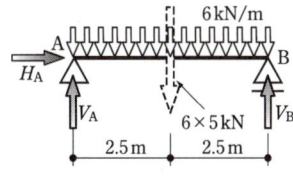

図 3.91　支点の反力の仮定　　＋の方向

Step 2　つり合い条件の適用

$\Sigma X = 0 : H_A = 0$ …①
$\Sigma Y = 0 : V_A + V_B - 6 \times 5 = 0$ …②
$\Sigma_A M = 0 : -V_B \times 5 + 6 \times 5 \times 5/2 = 0$ …③

Step 3　反力計算（①,②,③を解く）

③から，$V_B = 15$

これを②に代入して，$V_A = 15$

よって，$H_A = 0$ kN，$V_C = 15$ kN，$V_A = 15$ kN

Step 4　つり合い系の作図

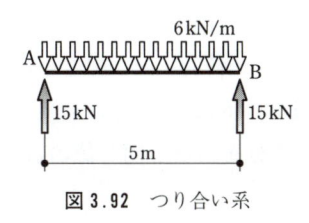

図 3.92　つり合い系

> ●分布荷重の合力として集中荷重を考える。
> 2.4.3（p.37）および 3.1.4（p.56）参照。

Step 5　応力を求める。

A 点から右に x 離れた点 X の応力をその左側の力を使って求める。

区　　間	A-B 間
M（曲げモーメント）	$15x - 6x \times \dfrac{x}{2}$ $= 15x - 3x^2$
Q（せん断力）	$15 - 6x$

A 点（A-B 間：$x=0$）　$M_{AB} = 0$ kNm

中央（A-B 間：$x=2.5$）　$M_C = 15 \times 2.5 - 3 \times 2.5^2 = 18.75$ kNm

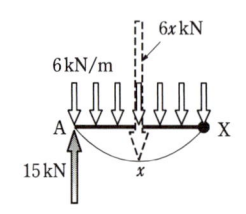

図 3.93　応力計算（A-B 間）

Step 6　応力図の作図

図 3.94 から，A-B 間の曲げモーメントは部材の下に描く。

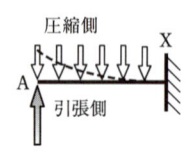

図 3.94　A-B 間の A 端の変形図

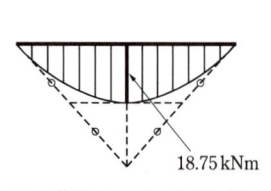

図 3.95　曲げモーメント図（B.M.D.）　　図 3.96　せん断力図（S.F.D.）

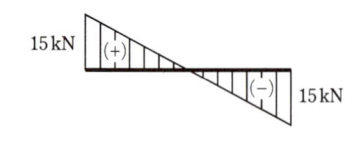

解説　等分布荷重の場合の曲げモーメント図は，Step 5 のように x の 2 次関数の曲線となる。図 3.95 のように，等分布荷重の合力である集中荷重が作用した場合の曲げモーメント図（図中点線）と，最大値の 1/2 の水平線と接する曲線を描くことで比較的正確な図となる。

　　せん断力は，x の 1 次関数であり，図 3.96 のように両端が反力と同じ大きさで，かつその直線の傾きが等分布荷重と同じ値の直線となる。

●等分布荷重より，反力の集中荷重による曲げ変形の方が大きくなる。
X 点が A 点のごく近くの場合を考えてみよう。

3.2.4　1つのモーメント荷重が作用する単純梁

> **例題 14**　1つのモーメント荷重が作用する単純梁
>
> 支点反力を求め，応力図を描きなさい。 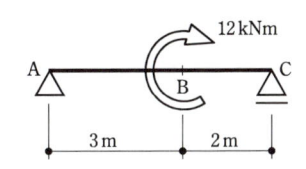
>
> 図 3.97　1つのモーメント荷重が作用する単純梁

【解答例】

Step 1　支点反力の仮定

次の図のように，支点反力の仮定を図示する。

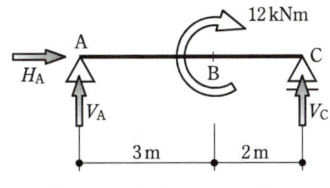

図 3.98　支点の反力の仮定 　　　＋の方向

Step 2　つり合い条件の適用

$\Sigma X = 0 : H_A = 0$ 　　　　　　　…①

$\Sigma Y = 0 : V_A + V_C = 0$ 　　　　…②

$\Sigma_A M = 0 : 12 - V_C \times 5 = 0$ 　…③

Step 3　反力計算（①,②,③を解く）

③から，$V_C = 2.4$

これを②に代入して，$V_A = -2.4$

よって，$H_A = 0\,\mathrm{kN}$，$V_C = 2.4\,\mathrm{kN}$，$V_A = -2.4\,\mathrm{kN}$

● V_A の符号が－となったため，A点の反力の向きは仮定と逆の下向きとなる。

Step 4　つり合い系の作図

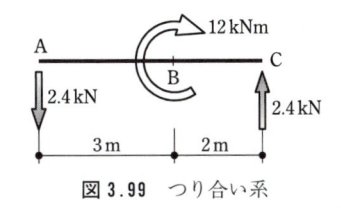

図 3.99　つり合い系

Step 5　区間ごとの応力を求める。

A-B 間，B-C 間ともに，A 点から右に x 離れた点 X の応力を，その左側の力を使って求める。

区　　間	A-B 間	B-C 間
M（曲げモーメント）	$-2.4x$	$-2.4x+12$
Q（せん断力）	-2.4	-2.4

A 点（A-B 間：$x=0$）　$M_{AB}=-2.4\times0=0$ kNm
B 点左側（A-B 間：$x=3$）　$M_{BA}=-2.4\times3=-7.2$ kNm
B 点右側（B-C 間：$x=3$）　$M_{BC}=-2.4\times3+12=4.8$ kNm

●B 点の左右で曲げモーメントの大きさが異なるので，それぞれの区間の式により B 点の曲げモーメントを求める。

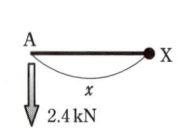

図 3.100　応力計算（A-B 間） 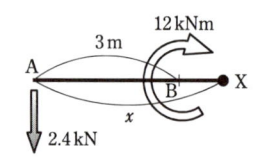　　　図 3.101　応力計算（B-C 間）

Step 6　応力図の作図

図 3.102 から，A-B 間の曲げモーメントは部材の上に描く。B-C 間は図 3.103 より部材の下に描く。

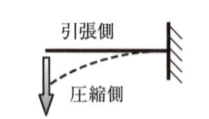

図 3.102　A-B 間の変形図 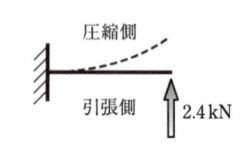　　　図 3.103　B-C 間の変形図

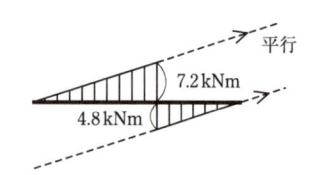

図 3.104　曲げモーメント図（B.M.D.） 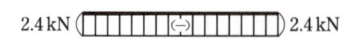　　　図 3.105　せん断力図（S.F.D.）

●両端以外に部材直角の荷重がないので，せん断力は変化せず，曲げモーメントも一定勾配となる。

3.2.5 モーメント荷重が材端に作用する単純梁

例題 15 モーメント荷重が材端に作用する単純梁

支点反力を求め，応力図を描きなさい。

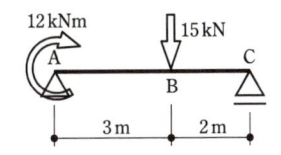

図 3.106 モーメント荷重が材端に作用する単純梁

【解答例】

Step 1 支点反力の仮定

次の図のように，支点反力の仮定を図示する。

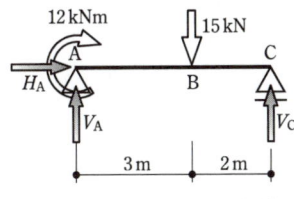

図 3.107 支点の反力の仮定 　　＋の方向

Step 2 つり合い条件の適用

$\Sigma X = 0 : H_A = 0$ ……①
$\Sigma Y = 0 : V_A + V_C - 15 = 0$ ……②
$\Sigma_A M = 0 : 12 - V_C \times 5 + 15 \times 3 = 0$ ……③

● モーメントのつり合い条件式において，モーメント荷重は位置によらず，その大きさを算入する。

Step 3 反力計算（①，②，③を解く）

③から，$V_C = 11.4$

これを②に代入して，$V_A = 3.6$

よって，$H_A = 0$ kN，$V_C = 11.4$ kN，$V_A = 3.6$ kN

Step 4 つり合い系の作図

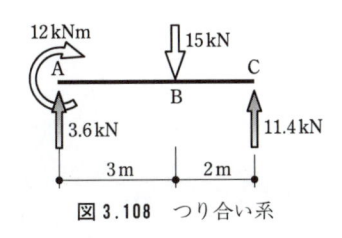

図 3.108 つり合い系

Step 5　区間ごとの応力を求める。

A-B間，B-C間ともに，A点から右に x 離れた点 X の応力を，その左側の力を使って求める。

区　　間	A-B間	B-C間
M（曲げモーメント）	$12+3.6x$	$12+3.6x-15(x-3)$ $=-11.4x+57$
Q（せん断力）	3.6	$3.6-15=-11.4$

A点　(A-B間：$x=0$)　$M_{AB}=12$ kNm
B点　(A-B間：$x=3$)　$M_{BA}=12+3.6\times3=22.8$ kNm
C点　(C-B間：$x=5$)　$M_{CB}=-11.4\times5+57=0$ kNm

●B-C間は，C点から左に x' 離れた点 X′ の応力を，その右側の力から求めてもよい。

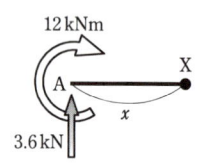

図 3.109　応力計算（A-B間）

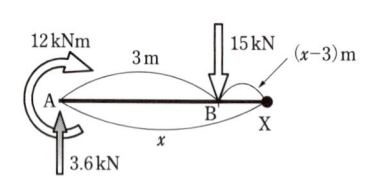

図 3.110　応力計算（B-C間）

Step 6　応力図の作図

図 3.111 から，A-B間の曲げモーメントは部材の下に描く。B-C間は図 3.112 より部材の下に描く。

●A-B間の変形は，A端直近の曲げ変形を考えるとよい。

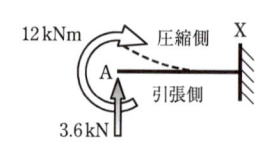

図 3.111　A-B間の変形図

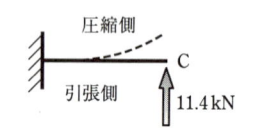

図 3.112　B-C間の変形図

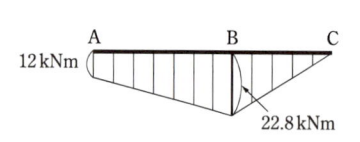

図 3.113　曲げモーメント図（B.M.D.）

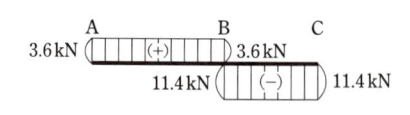

図 3.114　せん断力図（S.F.D.）

●部材端にモーメント荷重が作用する場合は，ピン端であっても，その節点にモーメント荷重と同じ大きさの曲げモーメントが発生する。

3・3 片持ち梁形ラーメン

複数の部材からなり、**剛節**がある骨組を**ラーメン**骨組という。

つり合い条件だけで反力や応力を求めることができる静定ラーメンのうち、**片持ち梁形ラーメン**（図 3.115）を取りあげる。

静定ラーメンの反力・応力の求め方は、片持ち梁や単純梁と同じ手順で行う。ここでは、剛節における応力の伝わり方をよく理解しよう。

●剛節：部材の変形後も部材間の角度が変化しない節点（1・3 (2) p.8 参照）

●3・1 片持ち梁 (p.41) 参照。

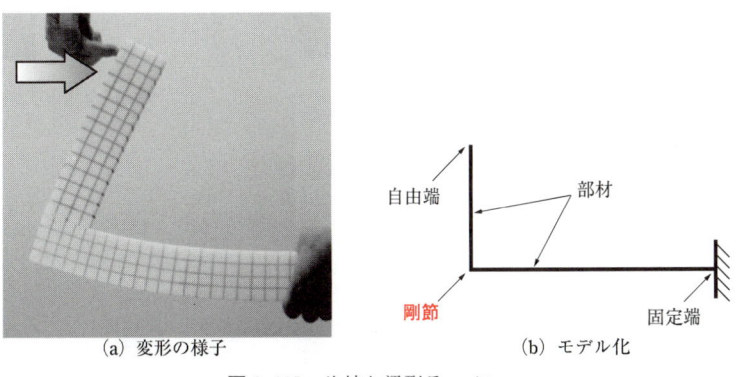

(a) 変形の様子　　(b) モデル化

図 3.115　片持ち梁形ラーメン

3.3.1　1つの集中荷重が作用する片持ち梁形ラーメン

例題 16　1つの集中荷重が作用する片持ち梁形ラーメン

支点反力を求め、応力図を描きなさい。

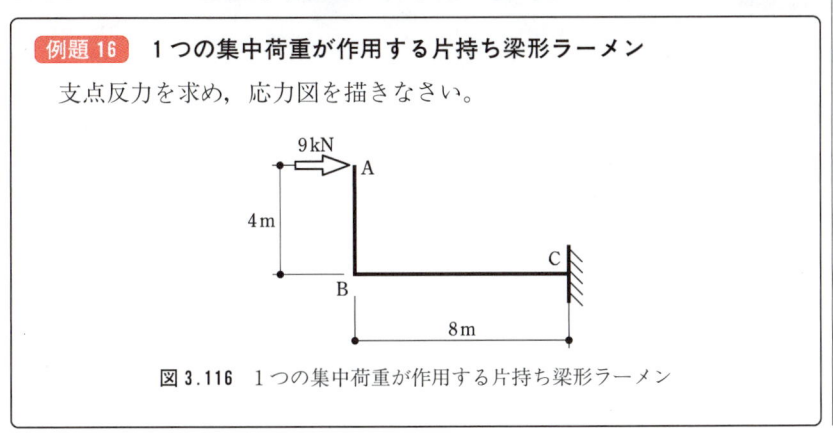

図 3.116　1つの集中荷重が作用する片持ち梁形ラーメン

80　第3章　静定構造物の反力と応力

【解答例】

Step 1　支点反力の仮定

次の図のように，支点反力の仮定を図示する。

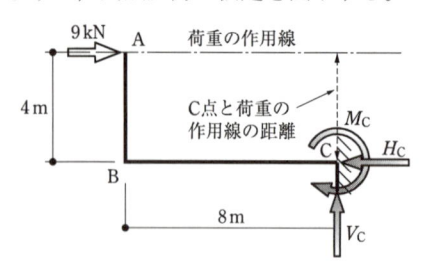

図 3.117　支点の反力の仮定

●3・1 片持ち梁 参照

Step 2　つり合い条件の適用

$\Sigma X = 0：9 - H_C = 0$　　　…①

$\Sigma Y = 0：V_C = 0$　　　…②

$\Sigma_C M = 0：9 \times 4 + M_C = 0$　　　…③

●C点周りのモーメントのつり合いを考える。

Step 3　反力計算（①,②,③を解く）

①から，$H_C = 9$

③から，$M_C = -36$

よって，$H_C = 9 \text{ kN}$，$V_C = 0 \text{ kN}$，$M_C = -36 \text{ kNm}$

Step 4　つり合い系の作図

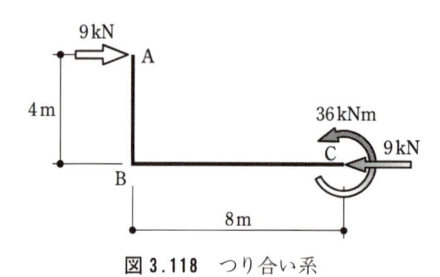

図 3.118　つり合い系

Step 5　区間ごとの応力を求める。

A-B 間は，A 点から下に y 離れた点 Y の応力を，その上側の力を使って求める。B-C 間は，その任意の点の応力を，その左側の力を使って求める。

区　間	A-B 間	B-C 間
M（曲げモーメント）	$9y$	$9 \times 4 = 36$
Q（せん断力）	9	0
N（軸力図）	0	-9

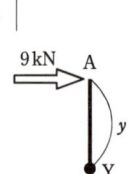

図 3.119　応力計算（A-B 間）

B 点（A-B 間：$x = 4$）　$M_{BA} = 9 \times 4 = 36 \text{ kNm}$

Step 6　応力図の作図

図 3.120 から，A–B 間の曲げモーメントは部材の左に描く。

図 3.120　A–B 間の変形図

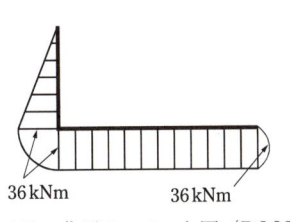

図 3.121　曲げモーメント図（B.M.D.）

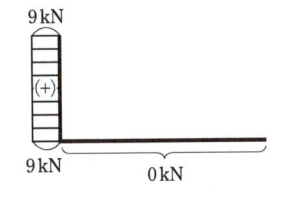

図 3.122　せん断力図（S.F.D.）

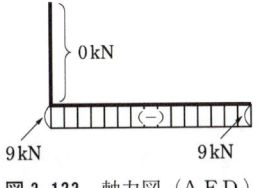

図 3.123　軸力図（A.F.D.）

- B 点は剛節点なので，AB 部材の曲げモーメントが BC 部材の同じ側に同じ大きさで伝えられる（解説参照）。

- BC 部材にとって荷重 9 kN は部材と同じ方向なので軸力となる。3.1.1 例題 2 参照（p.44）。

解説　図 3.124 のように 2 つの部材が直角に接合される場合，**剛節点（剛接合された節点）**における曲げモーメントは，以下のようになる。

(a) 1 つの部材の外側が引張り側（凸）の場合，他方の部材の外側も引張り側（凸）となる。

(b) 内側が引張り側の場合，他方の部材の内側が引張り側となる。

いずれも，同じ大きさの曲げモーメントが伝達される。

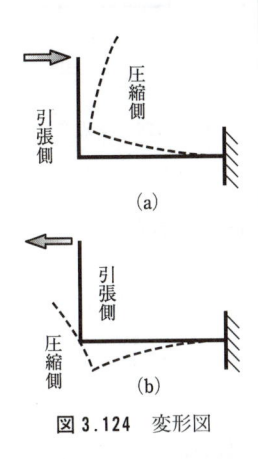

図 3.124　変形図

- 図 3.115 の変形の様子を参照（p.79）

3.3.2 斜めの集中荷重が作用する片持ち梁形ラーメン

> **例題 17** 斜めの集中荷重が作用する片持ち梁形ラーメン
>
> 支点反力を求め，応力図を描きなさい。 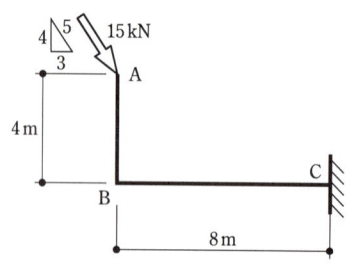
>
> 図 3.125 斜めの集中荷重が作用する片持ち梁形ラーメン

● 斜めの集中荷重の角度を直角三角形の辺の比で与えた場合の例。

【解答例】

Step 1 支点反力の仮定

次の図のように，支点反力の仮定を図示する。

斜め荷重は，水平荷重と鉛直荷重に分解して考える。

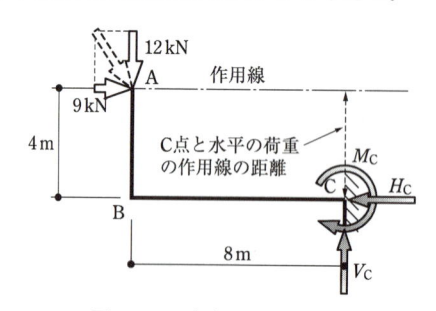

図 3.126 支点の反力の仮定

Step 2 つり合い条件の適用

$\Sigma X = 0 : 9 - H_C = 0$ …①

$\Sigma Y = 0 : -12 + V_C = 0$ …②

$\Sigma_C M = 0 : -12 \times 8 + 9 \times 4 + M_C = 0$ …③

Step 3 反力計算（①，②，③を解く）

①から，$H_C = 9$

②から，$V_C = 12$

③から，$M_C = 96 - 36 = 60$

よって，$H_C = 9$ kN，$V_C = 12$ kN，$M_C = 60$ kNm

● モーメントの計算に用いる距離は，力の作用線と基準の点の最短距離とする。

Step 4 つり合い系の作図

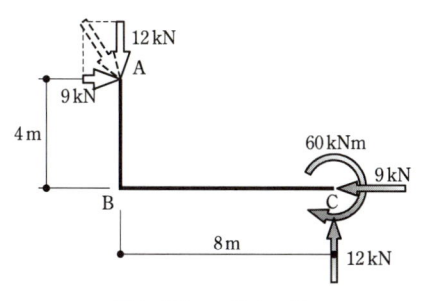

図 3.127 つり合い系

Step 5 区間ごとの応力を求める。

A-B 間は，A 点から下に y 離れた点 Y の応力を，その上側の力を使って求め，B-C 間は，B 点から右に x 離れた点 X の応力を，その左側の力を使って求める。

区　　間	A-B 間	B-C 間
M（曲げモーメント）	$9y$	$-12x+9\times 4$ $=-12x+36$
Q（せん断力）	9	-12
N（軸力）	-12	-9

B 点（A-B 間：$y=4$）　$M_{BA}=9\times 4=36$ kNm
C 点（B-C 間：$x=8$）　$M_{CB}=-12\times 8+36=-60$ kNm

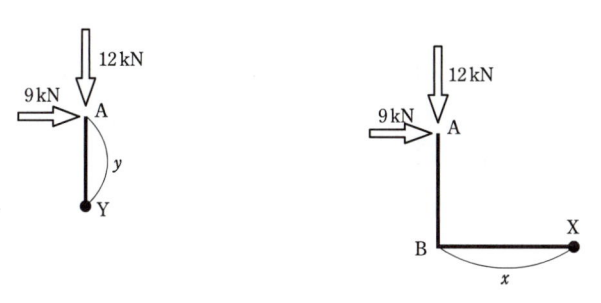

(1) A-B間（上側）　　　　(2) B-C間（左側）

図 3.128　応力計算

Step 6 応力図の作図

図3.129より，A-B間の曲げモーメントは部材の左側に描く．B点は剛節であるので，AB材の左側が引張り側であるので，BC材のB端は下側が引張り側となり，$M_{AB}=M_{BC}$である．

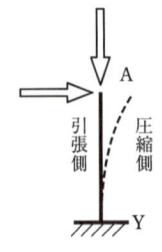

図3.129 A-B間の変形図

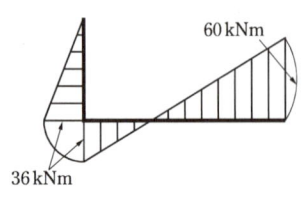

図3.130 曲げモーメント図（B.M.D.）

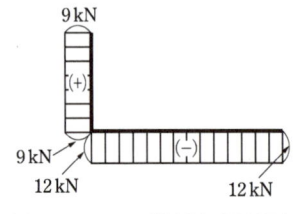

図3.131 せん断力図（S.F.D.）

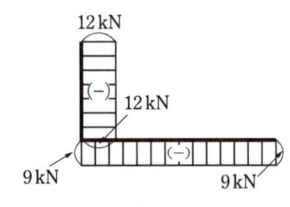

図3.132 軸力図（A.F.D.）

参考 例題17の曲げモーメント図を作図で求めてみよう．

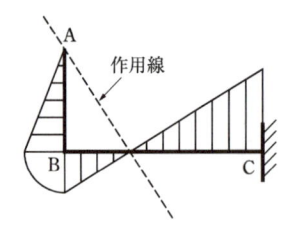

図3.133 曲げモーメントの図解法

AB部材の変形を考え，AB部材の左側に曲げモーメントを描く．B節点は剛節なので，同じ大きさの曲げモーメントが同じ側（外側）に伝達される．

荷重の作用線とBC部材の交点は曲げモーメントが0となる．BC間には荷重はないので，曲げモーメントは直線となる．

3.3.3 モーメント荷重と集中荷重が材端に作用する片持ち梁形ラーメン

例題 18 モーメント荷重と集中荷重が材端に作用する片持ち梁形ラーメン

支点反力を求め，応力図を描きなさい。

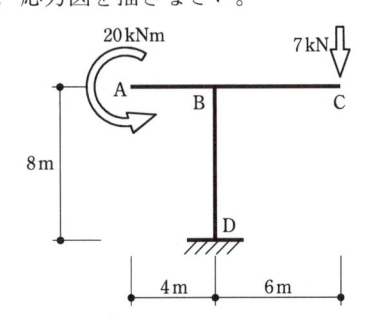

図 3.134 モーメント荷重と集中荷重が材端に作用する片持ち梁形ラーメン

【解答例】

Step 1 支点反力の仮定

次の図のように，支点反力の仮定を図示する。

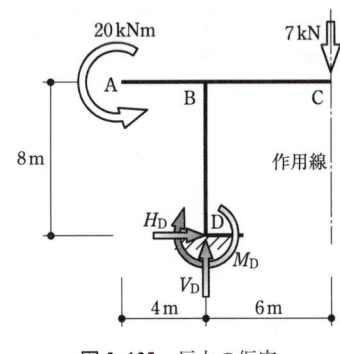

図 3.135 反力の仮定　　＋の方向

Step 2 つり合い条件の適用

$\Sigma X = 0 : H_D = 0$ 　　…①

$\Sigma Y = 0 : V_D - 7 = 0$ 　　…②

$\Sigma_D M = 0 : -20 + 7 \times 6 + M_D = 0$ 　　…③

Step 3 反力計算（①,②,③を解く）

②から，$V_D = 7$

③から，$M_D = -22$

よって，$H_D = 0$ kN, $V_D = 7$ kN, $M_D = -22$ kNm

Step 4 つり合い系の作図

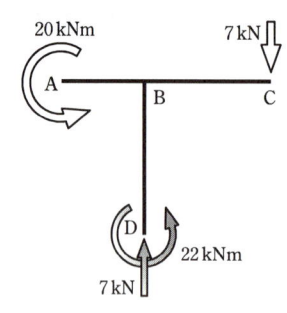

図 3.136 つり合い系

Step 5 区間ごとの応力を求める。

AB 間は AB 間の途中の点で切って左側を見ると，モーメント荷重だけなので，曲げモーメントは一定値でせん断力と軸力は 0 となる。

B-C 間は，C 点から左に x 離れた点 X の応力を，その右側の力を使って求める。B-D 間は，D 点から上に y 離れた点 Y の応力を，その下側の力を使って求めるが，結果的に応力は y の関数とならない。

区　　間	A-B 間	B-C 間	B-D 間
M（曲げモーメント）	20	$7x$	-22
Q（せん断力）	0	7	0
N（軸力）	0	0	-7

B 点の右側（B-C 間：$x=6$）　$M_{BC}=7\times 6=42$ kNm

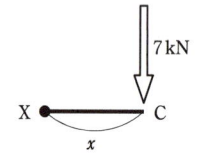

図 3.137 応力計算（B-C 間）

Step 6 応力図の作図

図 3.137, 138 より，A-B 間と B-C 間の曲げモーメントは部材の上に描く。B-D 間は図 3.139 より部材の左側に描く。

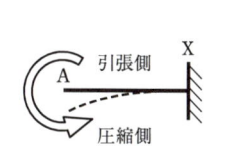

図 3.137　変形図（A-B 間） 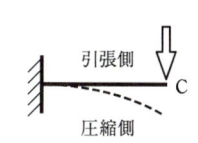　　図 3.138　変形図（B-C 間） 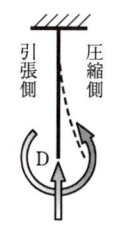　　図 3.139　変形図（B-D 間）

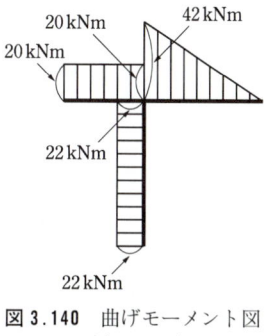

図 3.140　曲げモーメント図（B.M.D.）　　図 3.141　せん断力図（S.F.D.）　　図 3.142　軸力図（A.F.D.）

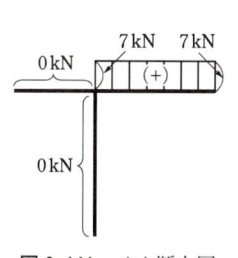

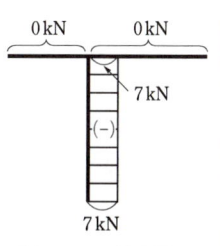

● B 点に作用する力のモーメントは下図のようになり，全て足し合わせると 0 となる。

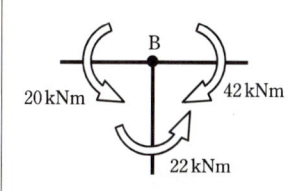

B 点の左右の梁からの力のモーメントの差が柱（BD 部材）からの力のモーメントとつり合っている。

3.3.4 節点にモーメント荷重が作用する片持ち梁形ラーメン

例題 19　節点にモーメント荷重が作用する片持ち梁形ラーメン

支点反力を求め，応力図を描きなさい。

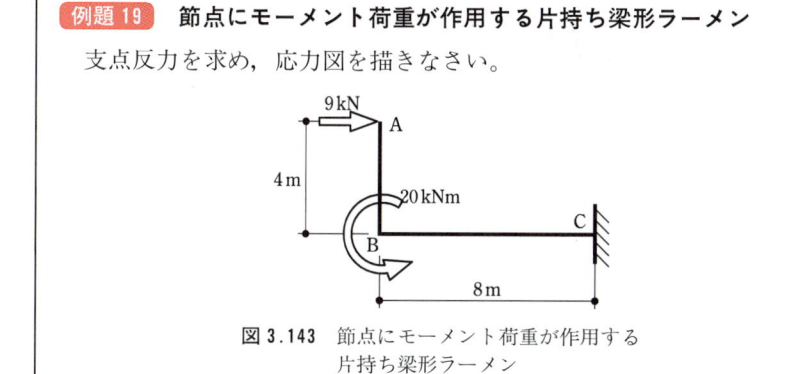

図 3.143　節点にモーメント荷重が作用する片持ち梁形ラーメン

【解答例】

Step 1 支点反力の仮定

下図のように支点反力の仮定を図示する。

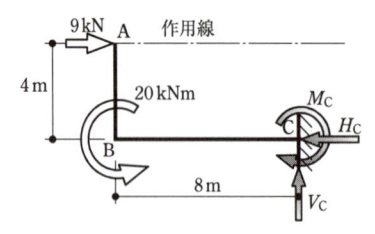

図 3.144 支点の反力の仮定 　　+の方向

Step 2 つり合い条件の適用

$\Sigma X = 0 : 9 - H_C = 0$ 　　　　　　…①

$\Sigma Y = 0 : V_C = 0$ 　　　　　　　　…②

$\Sigma_C M = 0 : 9 \times 4 - 20 + M_C = 0$ 　　…③

●C 点周りのモーメントのつり合いを考える。

Step 3 反力計算（①,②,③を解く）

②から，$H_C = 9$

④から，$M_C = -16$

よって，$H_C = 9$ kN, $V_C = 0$ kN, $M_C = -16$ kNm

Step 4 つり合い系の作図

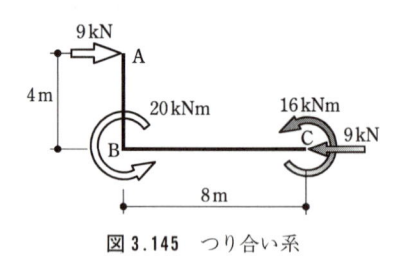

図 3.145 つり合い系

Step 5　区間ごとの応力を求める。

A-B間は，A点から下に y 離れた点Yの応力を，その上側の力を使って求める。B-C間は，その任意の点の応力を，その左側の力を使って求める。

区　　間	A-B間	B-C間
M（曲げモーメント）	$9y$	$9 \times 4 - 20 = 16$
Q（せん断力）	9	0
N（軸力）	0	-9

B点上側（A-B間：$x=4$）　$M_{BA} = 9 \times 4 = 36$ kNm

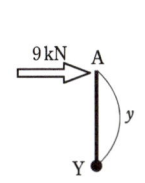

図3.146　応力計算（A-B間） 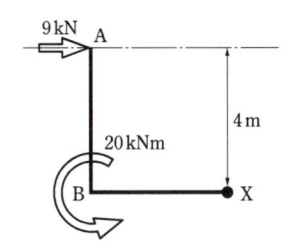　　図3.147　応力計算（B-C間）

Step 6　応力図の作図

図3.146より，A-B間の曲げモーメントは部材の左に描く。

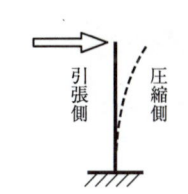

図3.148　A-B間の変形図

● 剛節点にモーメント荷重が作用する場合は材端のモーメントの大きさはモーメント荷重分の差が生じる。

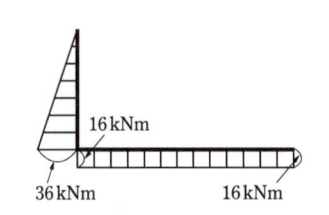

図3.149　曲げモーメント図（B.M.D.） 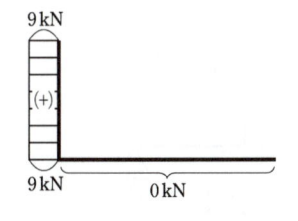　　図3.150　せん断力図（S.F.D.） 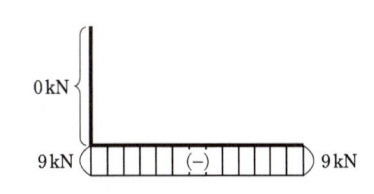　　図3.151　軸力図（A.F.D.）

3・4 単純梁形ラーメン

単純梁に1つ以上の部材が剛接合されているラーメン骨組を**単純梁形ラーメン**という。反力・応力の求め方は，単純梁や片持ち梁形ラーメンと同じ手順で行う。

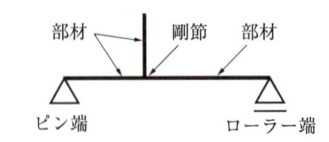

図3.152 単純梁形ラーメンのモデル化

●3・2 単純梁（p.68）
 3・3 片持ち梁形ラーメン（p.79）
参照

3.4.1 1つの集中荷重が作用する単純梁形ラーメン

> **例題 20** 1つの集中荷重が作用する単純梁形ラーメン
>
> 支点反力を求め，応力図を描きなさい。 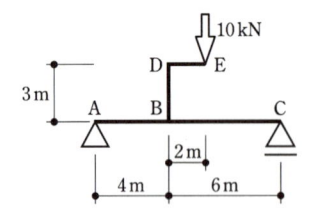
>
> 図3.153 1つの集中荷重が作用する単純梁形ラーメン

【解答例】

Step 1 支点反力の仮定

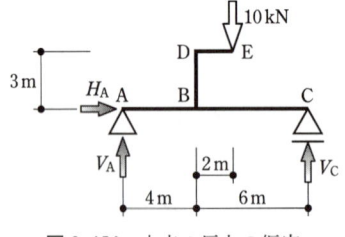

図3.154 支点の反力の仮定　　＋の方向

Step 2　つり合い条件の適用

$\Sigma X = 0 : H_A = 0$　　　　　　　　　　　　　…①

$\Sigma Y = 0 : V_A + V_C - 10 = 0$　　　　　　　…②

$\Sigma_A M = 0 : 10 \times (4+2) - V_C \times (4+6) = 0$　…③

Step 3　反力計算（①,②,③を解く）

③から，$V_C = 6$

これを②に代入し，$V_A = 4$

よって，$H_A = 0$ kN，$V_A = 4$ kN，$V_C = 6$ kN

Step 4　つり合い系の作図

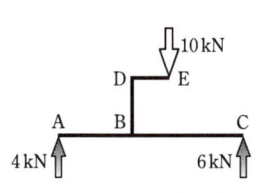

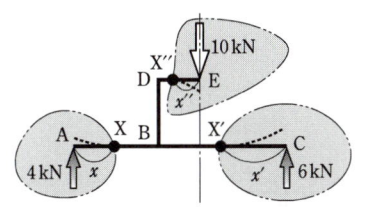

図 3.155　つり合い系　　　図 3.156　応力計算・端部の変形

●図 3.156 に，切断点を固定端としたときの部材端部の変形を点線で示す。

Step 5　区間ごとの応力を求める。

A-B 間は，A 点から右に x 離れた点 X の応力を，その左側の力を使って求める。B-C 間は，C 点から左に x' 離れた点 X' の応力を，その右側の力を使って求める。D-E 間は，E 点から左に x'' 離れた点 X'' の応力を，その右側の力を使って求める。

B-D 間は，その区間の任意の点における応力を，その上側の力を使って求める（図 3.156）。

区　　　間	A-B 間	B-C 間	D-E 間	B-D 間
M（曲げモーメント）	$4x$	$-6x'$	$10x''$	$10 \times 2 = 20$
Q（せん断力）	4	-6	10	0
N（軸力）	0	0	0	-10

　B 点左側（A-B 間：$x = 4$）　$M_{BA} = 4 \times 4 = 16$ kNm

　B 点右側（B-C 間：$x' = 6$）　$M_{BC} = -6 \times 6 = -36$ kNm

　D 点（D-E 間：$x'' = 2$）　$M_{DE} = 10 \times 2 = 20$ kNm

Step 6 応力図の作図

Step 5 の表に示す応力の値と図 3.156 の端部の変形を参照して，曲げモーメントを作図する。

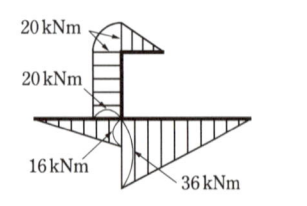

図 3.157 曲げモーメント図（B.M.D.）

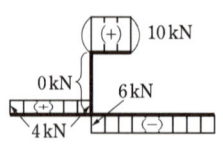

図 3.158 せん断力図（S.F.D.）

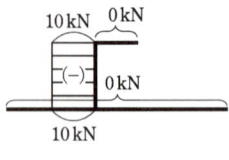

図 3.159 軸力図（A.F.D.）

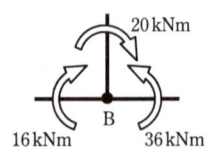

B点周りの曲げモーメント

参考　例題 20 の曲げモーメントを作図で求めよう。

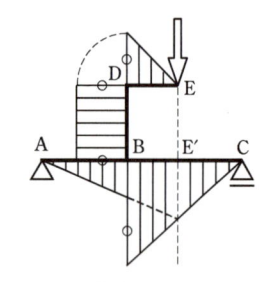

図 3.160 曲げモーメントの図解

荷重の作用線を引き，AC 部材に直接荷重が作用したとき（図中 E′ 点に）の曲げモーメントを描く。E′C 間の曲げモーメントの線を B 点まで延長する。

B 点の左右の曲げモーメントの差（図中 ○）が DB 部材の B 点に伝達される。BD 部材は荷重と平行なので，曲げモーメントは一定値となり，D 点は剛節であるので，同じ大きさの曲げモーメントが同じ側（外側）に伝達される。

3・5 門形ラーメン

　門の形をした，支点がピン端とローラー端の場合のラーメン骨組を**静定の門形ラーメン**という．反力・応力の求め方は，単純梁や単純梁形ラーメンと同じ手順で行う．

● 3・2　単純梁
　（p.68）
● 3・4　単純梁形ラーメン（p.90）

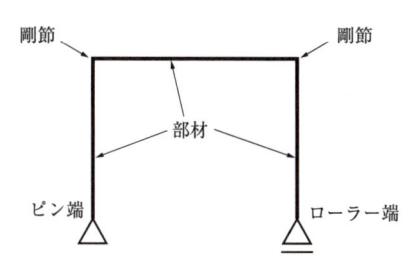

図 3.161　門形ラーメンのモデル化

3.5.1　2つの集中荷重が作用する門形ラーメン

例題 21　**2つの集中荷重が作用する門形ラーメン**

支点反力を求め，応力図を描きなさい．

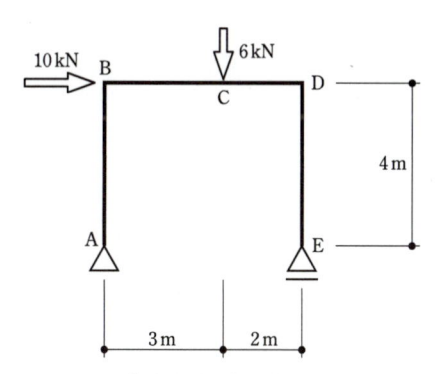

図 3.162　2つの集中荷重が作用する単純梁形ラーメン

【解答例】

Step 1 支点反力の仮定

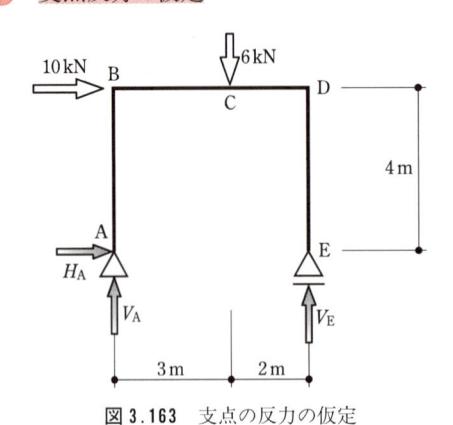

図 3.163 支点の反力の仮定

＋の方向

Step 2 つり合い条件の適用

$\Sigma X = 0 : H_A + 10 = 0$ …①

$\Sigma Y = 0 : V_A + V_E - 6 = 0$ …②

$\Sigma_A M = 0 : 10 \times 4 + 6 \times 3 - V_E \times (3+2) = 0$ …③

Step 3 反力計算（①,②,③を解く）

①から，$H_A = -10$

③から，$V_E = 11.6$

これを②に代入し，$V_A = -5.6$

よって，$H_A = -10$ kN，$V_A = -5.6$ kN，$V_E = 11.6$ kN

Step 4 つり合い系の作図

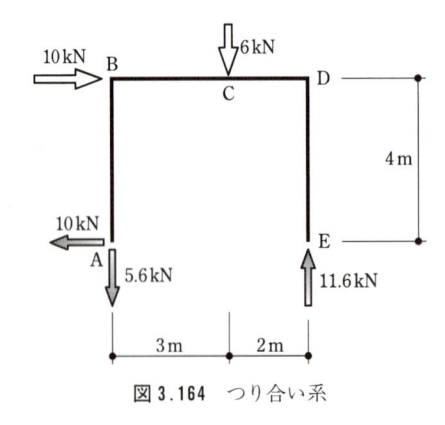

図 3.164 つり合い系

Step 5　区間ごとの応力を求める。

図3.165のように，応力を計算する点を考える。

区　　間	A-B間	B-C間	C-D間	D-E間
M（曲げモーメント）	$10y$	$10\times4-5.6x$ $=40-5.6x$	$-11.6x'$	0
Q（せん断力）	10	-5.6	-11.6	0
N（軸力）	5.6	0	0	-11.6

　　B点下側（A-B間：$y=4$）　$M_{BA}=10\times4=40$ kNm
　　C点右側（C-D間：$x'=2$）　$M_{CD}=-11.6\times2=-23.2$ kNm
　　D点（D-E間）　$M_{DE}=0$ kNm

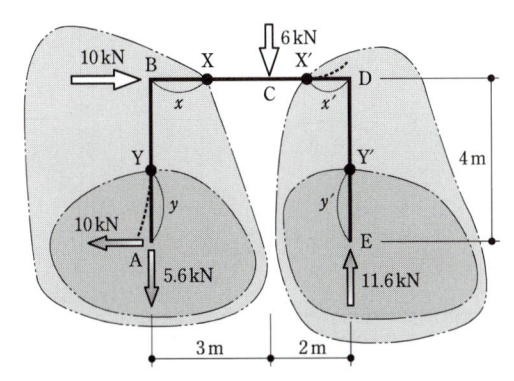

図 3.165　応力計算・端部の変形

Step 6　応力図の作図

Step 5の表に示す応力の値と図 3.165 の端部の変形を参照して，曲げモーメントを作図する。

● 剛節点であるB点では，同じ側に同じ大きさの曲げモーメントが伝わる。

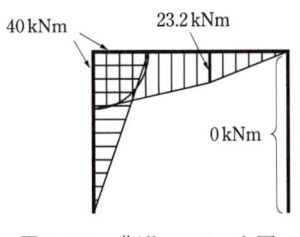

図 3.166　曲げモーメント図（B.M.D.）

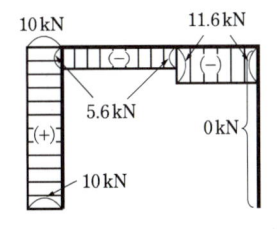

図 3.167　せん断力図（S.F.D.）

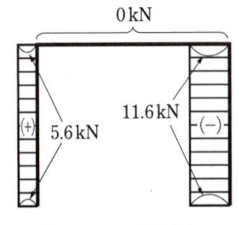

図 3.168　軸力図（A.F.D.）

3・6　3支端ラーメン

　3つの支点すべてがローラー端からなる静定ラーメンを **3支端ラーメン** という。反力・応力の求め方は，単純梁形ラーメンや門形ラーメンと同じ手順で行う。

● 3支端ラーメンは，3ローラーラーメンともいう。

> **例題 22**　3支端ラーメン
>
> 支点反力を求め，応力図を描きなさい。
>
> 図 3.169　3支端ラーメン

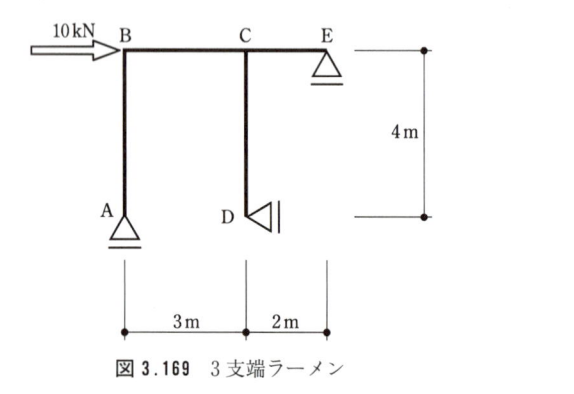

● □ は静定か？　NO！
8・1参照（p.161）。

【解答例】

Step 1　支点反力の仮定

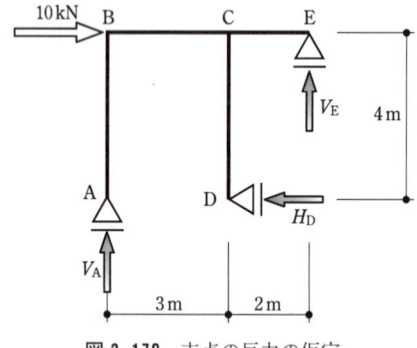

図 3.170　支点の反力の仮定

＋の方向

● ローラー端の△に付随する—の向きに注意する。1・3(3)参照（p.9）。

Step 2　つり合い条件の適用

$\Sigma X = 0 : 10 - H_D = 0$ 　　　…①

$\Sigma Y = 0 : V_A + V_E = 0$ 　　　…②

$\Sigma_A M = 0 : 10 \times 4 - V_E \times (3+2) = 0$ 　　　…③

Step 3　反力計算（①，②，③を解く）

①から，$H_D = 10$

● モーメントのつり合いは未知数（反力）が少なくなる点を選ぶとよい。

③から，$V_E = 8$

これを②に代入し，$V_A = -8$

よって，$H_D = 10$ kN，$V_A = -8$ kN，$V_E = 8$ kN

Step 4　つり合い系の作図

図 3.171　つり合い系

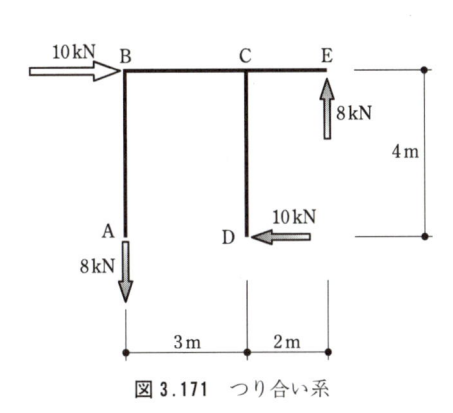

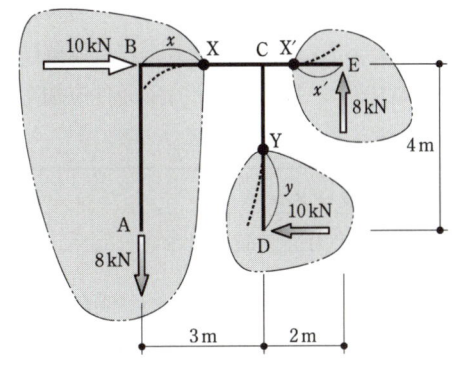

図 3.172　応力計算・端部の変形

Step 5　区間ごとの応力を求める。

図 3.172 のように応力を計算する点を考える。

区　　間	A-B 間	B-C 間	C-D 間	C-E 間
M（曲げモーメント）	0	$-8x$	$10y$	$-8x'$
Q（せん断力）	0	-8	10	-8
N（軸力）	8	-10	0	0

C 点左側（B-C 間：$x=3$）　$M_{CB} = -8 \times 3 = -24$ kNm

C 点右側（C-E 間：$x'=2$）　$M_{CE} = -8 \times 2 = -16$ kNm

C 点下側（C-D 間：$y=4$）　$M_{CD} = 10 \times 4 = 40$ kNm

C 点に作用する力の
モーメントのつり合い

Step 6　応力図の作図

Step 5 の表に示す応力の値と図 3.172 の端部の変形を参照して曲げモーメントを作図する。

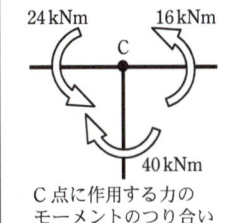

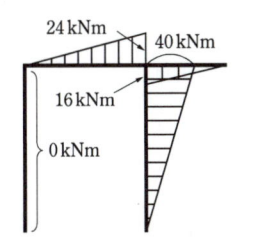

図 3.173　曲げモーメント図（B.M.D.）

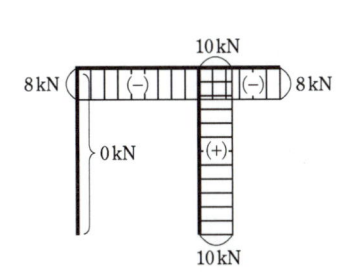

図 3.174　せん断力図（S.F.D.）

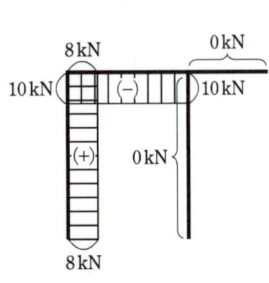

図 3.175　軸力図（A.F.D.）

3・7 3ヒンジラーメン

2つの支点すべてがピン端で，1つのピン節点を有する静定ラーメンを **3ヒンジラーメン**という。ピン節点およびピン端は**ヒンジ**ともいい，その点の**曲げモーメントが0となる節点**および支点である。

反力が4つとなるので，つり合い条件だけでは解けない。つり合い条件以外にピン節点の曲げモーメントが0となる条件を加えて，反力を求める。応力の求め方は他の静定ラーメンと同様である。

●ピン節点，剛節点 1・3(2)参照(p.8)。

> **例題 23** 3ヒンジラーメン
>
> 支点反力を求め，応力図を描きなさい。
>
> 図3.176 3ヒンジラーメン

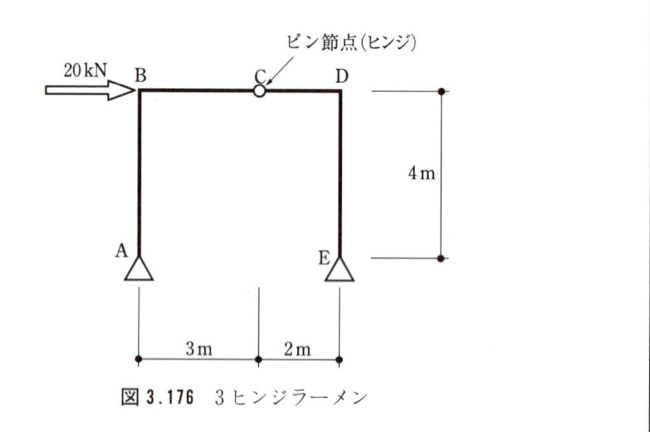

【解答例】

Step 1 支点反力の仮定

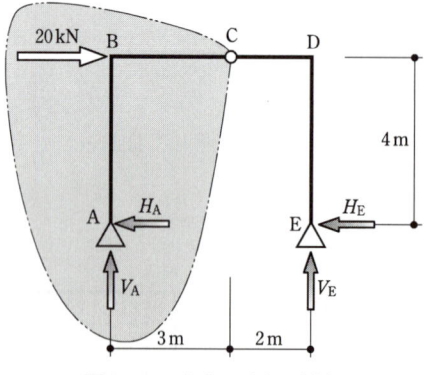

図3.177 支点の反力の仮定

＋の方向

Step 2　つり合い条件およびヒンジ条件の適用

つり合い条件

$\Sigma X = 0 : 20 - H_A - H_E = 0$ 　　　　…①

$\Sigma Y = 0 : V_A + V_E = 0$ 　　　　…②

$\Sigma_A M = 0 : 20 \times 4 - V_E \times (3+2) = 0$ 　　　　…③

ヒンジ条件

$M_{CB} = 0$ （C点の左側）： $V_A \times 3 + H_A \times 4 = 0$ …④

●C点の曲げモーメントを求めるので，図3.177のC点の左側の力によって求める。

Step 3　反力計算（①, ②, ③, ④を解く）

③から，$V_E = 16$

これを②に代入し，$V_A = -16$

これを④に代入し，$H_A = 12$

これを①に代入し，$H_E = 8$

よって，$V_A = -16$ kN，$H_A = 12$ kN，$V_E = 16$ kN，$H_E = 8$ kN

Step 4　つり合い系の作図

図 3.178　つり合い系

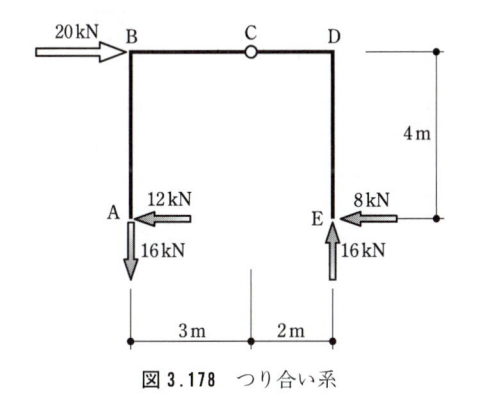

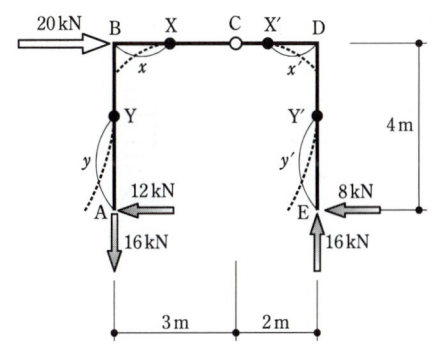

図 3.179　応力計算・端部の変形

Step 5　区間ごとの応力を求める。

図 3.179 のように応力を計算する点を考える。

区　　間	A-B 間	B-C 間	C-D 間	D-E 間
M（曲げモーメント）	$12y$	$-16x+12\times4$ $=-16x+48$	$-16x'+8\times4$ $=-16x'+32$	$8y'$
Q（せん断力）	12	-16	-16	8
N（軸力）	16	$12-20=-8$	-8	-16

B 点下側（A-B 間：$y=4$）　$M_{BA}=12\times4=48$ kNm
C 点左側（B-C 間：$x=3$）　$M_{CB}=-16\times3+48=0$ kNm
D 点下側（D-E 間：$y'=4$）　$M_{DE}=8\times4=32$ kNm

● C 点はピン節点なので，曲げモーメント M_{CB} は当然 0 となる。

Step 6　応力図の作図

Step 5 の表に示す応力の値と図 3.179 の端部の変形を参照して，曲げモーメントを作図する。

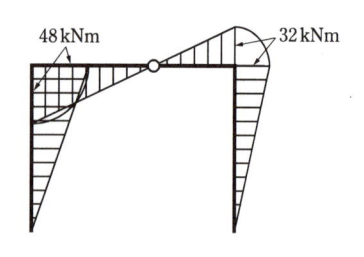

図 3.180　曲げモーメント図（B.M.D.）

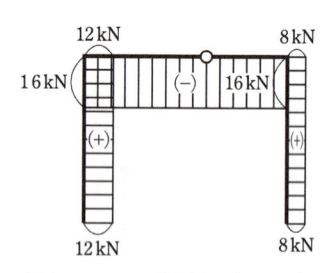

図 3.181　せん断力図（S.F.D.）

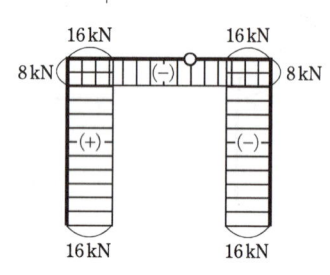

図 3.182　軸力図（A.F.D.）

3・8 静定トラス

基本的に両端がピン接合された直線の部材を，三角形に組み合わせて構成される骨組を**トラス構造**という。

代表的な単純梁形式の静定トラスを，図 3.183〜186 に示す。

静定トラスの場合，これらの図のようにピン節点の記号（○）を描いていないが，断わりがない限り**全ての節点をピン節点とみなす。**

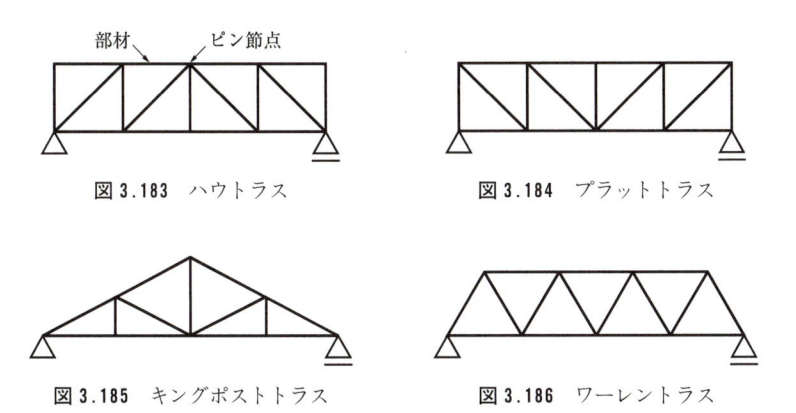

図 3.183　ハウトラス

図 3.184　プラットトラス

図 3.185　キングポストトラス

図 3.186　ワーレントラス

静定トラスの反力は，静定梁や静定ラーメンと同様に，支点反力を仮定し，つり合い条件によって求める（Step 1〜Step 4）。

部材に発生する応力は部材の両端がピン節点であるので，**軸力しか発生しない。**静定梁や静定ラーメンのように，曲げモーメントやせん断力は生じない。

トラスの応力を求める方法としては，**節点法，クレモナ図法，切断法**などがあるが，ここでは，節点法と切断法について解説をする。

トラスの応力（軸力）の表示方法は，計算過程では節点における力のつり合いを考えるために，部材から節点にかかる力として矢印で表示する（図 3.187(a)）。最終的には，図 187(a) のように表示することもあるが，本書では矢印は書かず，図 3.187(b) のように，**引張軸力の場合を＋，圧縮軸力を－**として数値のみで表す。

なお，荷重は節点に作用するものとし，部材途中では軸力は変化しないものとする。

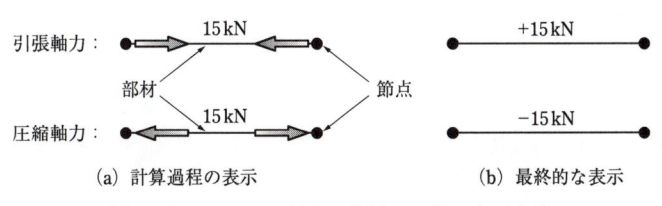

(a) 計算過程の表示　　(b) 最終的な表示

図 3.187　トラスの軸力の部材における表示方法

●トラス構造の軸力を矢印で表示する場合，部材から節点にかかる力とするので，部材応力としての軸力の矢印と逆になる。したがって，注意する必要がある。

3.8.1 節点法

節点法は，各節点において力のつり合い条件式$\Sigma X=0$，$\Sigma Y=0$を立てる方法で，未知な軸力が2つの節点から各部材の軸力を求め，順次，隣接する節点の各部材の軸力を求めていく。

> **例題 24　ハウトラス**
>
> 支点反力を求め，節点法で軸力を求めなさい。 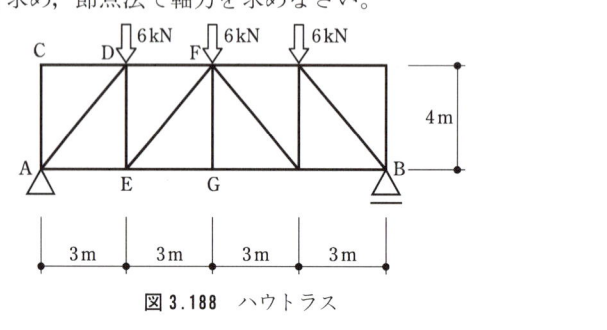
>
> 図 3.188　ハウトラス

【解答例】

Step 1　支点反力の仮定

次の図のように，支点反力の仮定を図示する。

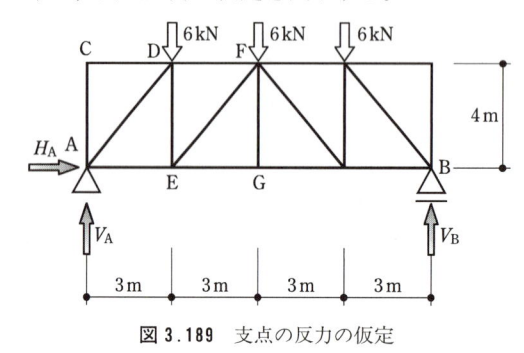

図 3.189　支点の反力の仮定

＋の方向

● 反力計算（Step 1〜4）は，3・2 単純梁（p.68）と同じである。

Step 2　つり合い条件の適用

$\Sigma X=0 : H_A=0$ …①
$\Sigma Y=0 : V_A+V_B-3\times 6=0$ …②
$\Sigma_A M=0 : 6\times 3+6\times 6+6\times 9-12\times V_B=0$ …③

● A点周りのモーメントのつり合いを考える。

Step 3　反力計算（①，②，③を解く）

③から，$V_B=9$

これを②に代入して，$V_A=9$

よって，$H_A=0\,\mathrm{kN}$，$V_B=9\,\mathrm{kN}$，$V_A=9\,\mathrm{kN}$

Step 4　つり合い系の作図

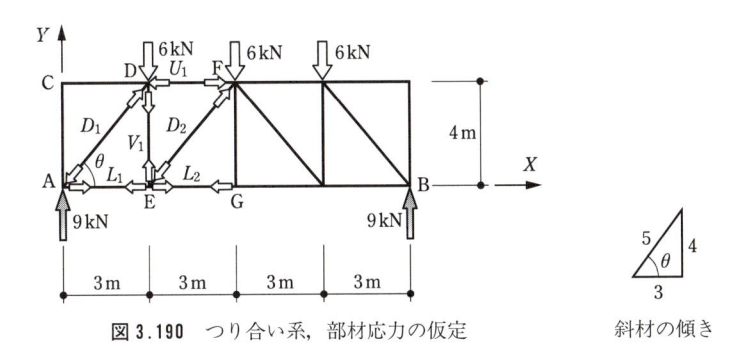

図3.190　つり合い系，部材応力の仮定

斜材の傾き

Step 5　応力計算

Step 5-1　部材の軸力の方向と大きさを，矢印と記号で仮定する（図3.190）。

解説　部材の軸力の矢印の向きは，部材から節点に作用する力の向きとする。1つの部材では，両端の軸力の矢印の向きは必ず逆向きになる。

この問題の場合，FG線を対象軸として左右対称であるので，左半分を計算対象とする。

ここで，C点における X 軸方向，Y 軸方向のつり合い条件から，CD部材およびAC部材の軸力は0となり，G点の Y 軸方向のつり合い条件からFG部材の軸力は0となるので，これらの部材の軸力の記号化は省略した。

Step 5-2　A点における力のつり合い

まず，未知の応力が2つであるA点における力のつり合いを考える。

つり合い条件

$\Sigma X = 0 : L_1 - D_1 \cos\theta = 0$　　…①

$\Sigma Y = 0 : 9 - D_1 \sin\theta = 0$　　…②

ここで，$\sin\theta = 4/5$，$\cos\theta = 3/5$

②から，$D_1 = \dfrac{9}{\sin\theta} = \dfrac{9 \times 5}{4} = 11.25$

これを①に代入して，$L_1 = D_1 \cos\theta = 11.25 \times \dfrac{3}{5} = 6.75$

よって，$D_1 = 11.25$ kN，$L_1 = 6.75$ kN

● Step 5の応力計算部分は，トラスの節点法独自のものとなるので，Step 5-1～Step 5-4に分けた。

● +の方向は，図3.189の右図と同じにした。
● つり合い条件を，次の図のように示力図として解いてもよい。

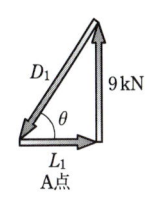

A点

Step 5-3　D点における力のつり合い

つり合い条件

$\Sigma X=0：D_1\cos\theta - U_1 = 0$　　　　…①

$\Sigma Y=0：D_1\sin\theta - 6 - V_1 = 0$　　　…②

①にA点の結果を代入し，$6.75 - U_1 = 0$

②にA点の結果を代入し，$9 - 6 - V_1 = 0$

よって，$U_1 = 6.75\,\mathrm{kN}$，$V_1 = 3.0\,\mathrm{kN}$

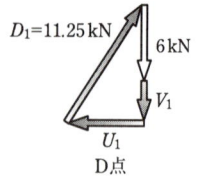

Step 5-4　E点における力のつり合い

つり合い条件

$\Sigma X=0：-L_1 + L_2 - D_2\cos\theta = 0$　　　…①

$\Sigma Y=0：V_1 - D_2\sin\theta = 0$　　　　　…②

①にA点の結果を代入し，$L_2 - D_2\cos\theta = 6.75$　…③

②にD点の結果を代入し $3 - D_2\sin\theta = 0$　　…④

④より，$D_2 = \dfrac{3}{\sin\theta} = \dfrac{3\times 5}{4} = 3.75$

これを③に代入して，$L_2 = 6.75 + 3.75 \times \dfrac{3}{5} = 9$

よって，$D_2 = 3.75\,\mathrm{kN}$，$L_2 = 9.0\,\mathrm{kN}$

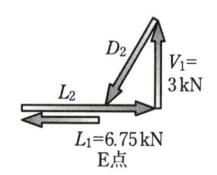

Step 6　応力図（軸力図）を作成する。

まず，Step 5 の結果を矢印と大きさで示す。

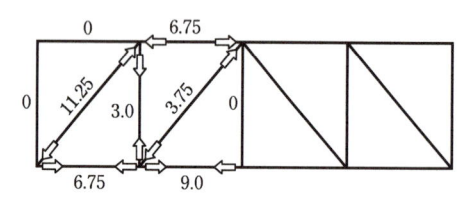

図 3.191(a)　計算結果（単位：kN）

左右対称なのでこれを右側に展開し，軸力を符号と大きさで表記する。

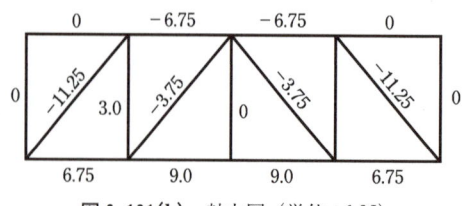

図 3.191(b)　軸力図（単位：kN）

● 軸力の大きさは引張軸力を正，圧縮軸力を負の数値で表示する（図 3.187 参照）。

3.8.2 切断法

切断法はトラス骨組を仮想的に2つに切断し，片側部分について切断部に軸力を仮定し，つり合い条件から，その軸力を求める方法である。

> **例題 25**　片持ち梁形の静定トラス
> 支点反力を求め，Ⅰ，Ⅱ，Ⅲ部材の軸力を切断法で求めなさい。 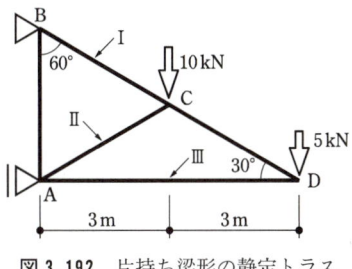
>
> 図 3.192　片持ち梁形の静定トラス

【解答例】

Step 1　支点反力の仮定

次の図のように，支点反力の仮定を図示する。

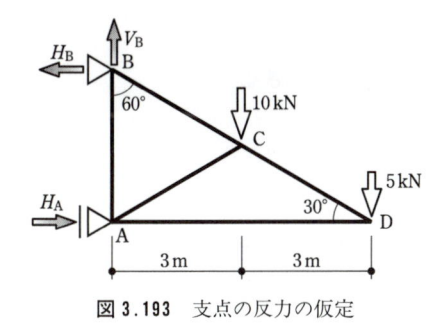

図 3.193　支点の反力の仮定 　　　＋の方向

Step 2　つり合い条件の適用

$\Sigma X = 0 : H_A - H_B = 0$ 　　　…①

$\Sigma Y = 0 : V_B - 10 - 5 = 0$ 　　　…②

$\Sigma_B M = 0 : -H_A \times 3 \times \dfrac{2}{\sqrt{3}} + 10 \times 3 + 5 \times 6 = 0$ 　　　…③

Step 3　反力計算（①,②,③を解く）

②から，$V_B = 15$

③から，$H_A = 10\sqrt{3} = 17.320$

これを①に代入して，$H_B = H_A = 17.32$

よって，$H_A = 17.32$ kN，$H_B = 17.32$ kN，$V_B = 15$ kN

Step 4　つり合い系の作図

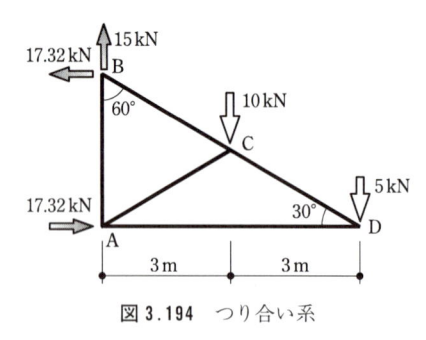

図3.194　つり合い系

Step 5-1　切断後のつり合い系の作図

切断した部材の切り口に，軸力を矢印と記号で仮定する。

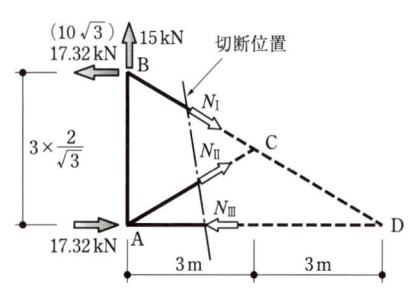

図3.195　切断図および軸力の仮定

Point
・トラスを完全に2つに分けるように切断する。
・切断する部材の数は3つ以下とすると，つり合い条件から応力が求まる。

● Step 5 の応力計算部分はトラスの切断法独自のものとなるので，Step 5-1 と Step 5-2 に分け，Step 6 は省略した。

Step 5-2　応力計算

つり合い条件

A点周りのモーメントのつり合い条件より，

$\Sigma_A M = 0 : -10\sqrt{3} \times 3 \times \dfrac{2}{\sqrt{3}} + 3 \times N_I = 0$

よって，$N_I = 20$

C点周りのモーメントのつり合い条件より

$\Sigma_C M = 0 : 15 \times 3 - 2 \times 10\sqrt{3} \times 3 \times \dfrac{1}{\sqrt{3}} + N_{III} \times 3 \times \dfrac{1}{\sqrt{3}} = 0$

よって，$N_{III} = \dfrac{15}{\sqrt{3}} = 8.660$

$\Sigma X = 0 : 10\sqrt{3} - 10\sqrt{3} + N_I \cos 30° + N_{II} \cos 30° - N_{III} = 0$

よって，$N_{II} = -10$

したがって，Ⅰ部材の軸力は，+20 kN（引張軸力）
　　　　　　Ⅱ部材の軸力は，-10 kN（圧縮軸力）
　　　　　　Ⅲ部材の軸力は，-8.66 kN（圧縮軸力）

● モーメントのつり合い条件の基準点はどこでもよいが，式中の未知数ができるだけ少なくなるような点を選ぶとよい。

● $\Sigma X = 0$ の代わりに，$\Sigma_D M = 0$ を使ってもよい。

3・9 様々な構造物

(1) はね出し梁

図 3.196 のような単純梁と片持ち梁を連結したような構造物を**はね出し梁**という。B 点において，左右の部材が剛に連続しているのが特徴である。反力・応力は本章の方法で解くことができる。曲げモーメントの例を図 3.197 に示す。

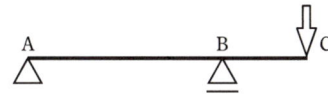

図 3.196 はね出し梁

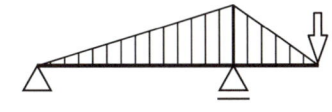

図 3.197 曲げモーメント図

(2) 重ね梁

図 3.198 のように，2 つの梁などを重ねて配置した構造を**重ね梁**という。

図 3.199 のように，上の梁の反力・応力は本章の方法で解くことができ，下の梁や骨組は上の梁からの作用力（上の梁の反力と逆向きの力）を荷重とみなして解けばよい。

● 作用反作用の法則

図 3.198 重ね梁

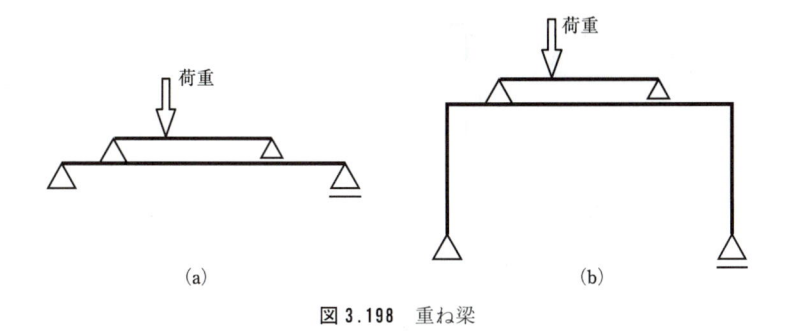

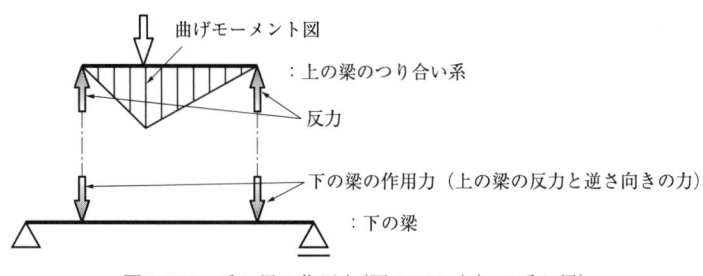

図 3.199 重ね梁の作用力（図 3.198（a）の重ね梁）

(3) 対称ラーメン

図 3.200 の左図のような，3 ヒンジラーメンで骨組が左右対称のとき，水平荷重が作用する場合は，同右図のように，骨組の半分を取り出し，ヒンジ部を水平移動できるローラー端としてモデル化して解くことができる。全体で解くよりも未知数が少なく計算が容易となる。

同様に図 3.201 の左図のように，左右対称の鉛直荷重が作用する場合は，同右図のように，骨組の半分を取り出し，ヒンジ部を鉛直移動できるローラー端としてモデル化して解くことができる。

ヒンジ部をローラー端に置き換える際，その変形（図中破線）を考えるとよい。

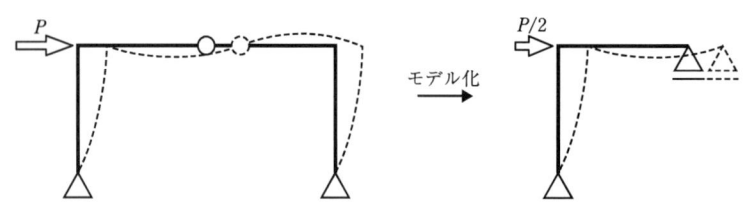

図 3.200 水平荷重と対称ラーメン（3 ヒンジラーメン）

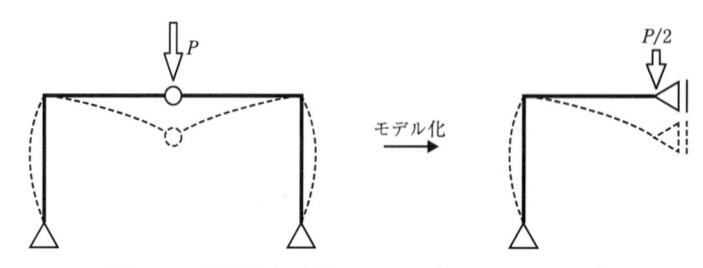

図 3.201 鉛直荷重と対称ラーメン（3 ヒンジラーメン）

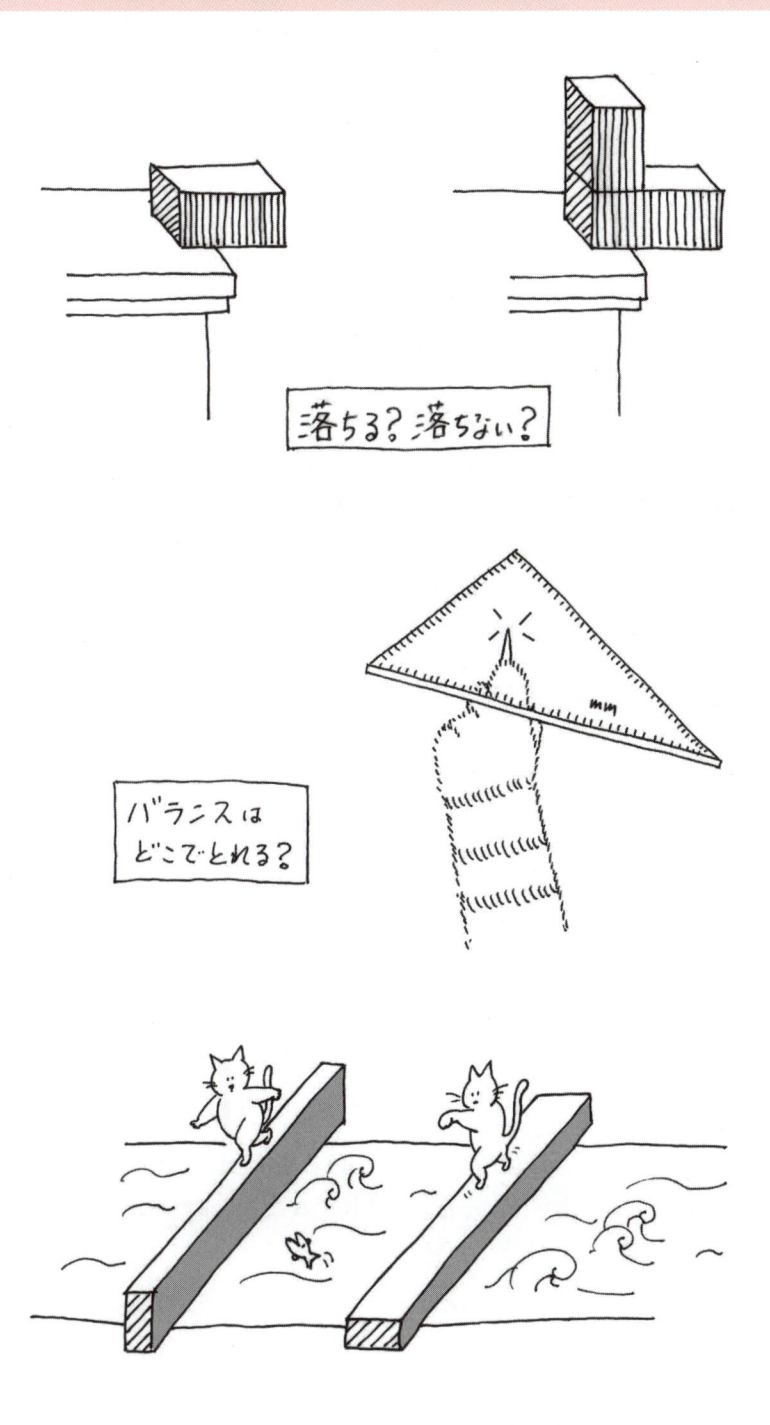

第4章
断面の性質

3章では，構造物に荷重が作用した時の反力と，部材に発生する応力を求める方法を学んだ。この場合，部材は十分に荷重に耐えられる強度があると考えている。

さらに，構造物の安全性を検証するためには，部材自体が壊れてしまうことがないかをチェックするために部材の強さや変形を知る必要がある。

軸力のみが生じている部材（例えば，p.42 の図 3.4）の強さは，その材軸に垂直に切ったときの断面の断面積に比例し，断面の形状にはよらない。しかし，曲げモーメントが生じている部材（例えば，p.46 の図 3.13）の強さは，断面積だけでは決まらず，断面の形状によって変わる。

断面積が同じでも，断面高さ（断面せい）が大きいほど壊れにくく，変形しにくいことは，割りばしを折るときに経験的に理解している。

したがって，部材の強さや変形を知るには，断面形状の諸性質を理解しておく必要がある。本章では，簡単な断面形の場合の断面積，図心，断面二次モーメント，断面係数などについて説明する。

より詳しく知りたい人のために，後段の枠内に積分を用いた定義式を示す。

●割りばしを断面の向きを変えて実際に折ってみよう。

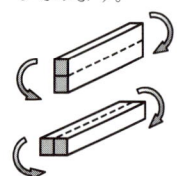

4・1 断面積

断面積は，部材の材軸に垂直に切った時の断面の面積を表す。

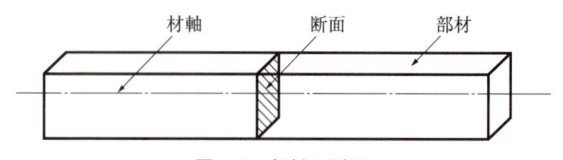

図 4.1 部材の断面

断面の形状は図 4.2 のようなものが多く用いられ，これらは長方形や円形をいくつか組み合わせた形になっている。

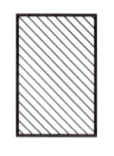

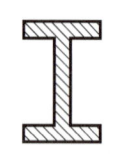

図 4.2 断面の形状

長方形や円形などあらかじめ断面積が分かっている断面(A_i)を組み合わせた断面の場合は，次の式のように，それらを累加することで求められる。

$$A = \sum_A A_i \qquad \cdots (4.1)$$

●長方形（縦 h，横 b）の面積は hb，円（半径 r）の面積は πr^2
p.188 付録②参照
π は 3.14 を使う。

例えば，長方形を 2 つ組み合わせた場合には，次の式のように，足し算または引き算を行うことにより求められる。

$$A = A_1 + A_2 \quad \cdots (4.2)$$
$$A = A_3 - A_4 \quad \cdots (4.3)$$

● (4.3) 式は全体を包絡する面積 A_3 から欠けている面積 A_4 を差し引く。

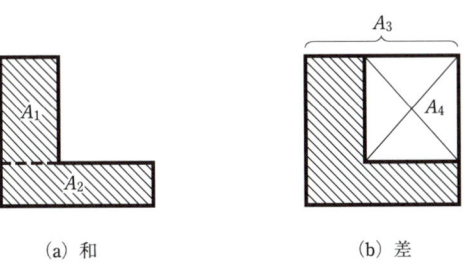

(a) 和　　(b) 差

図 4.3　既知の断面積の組合せの例（L 形断面）

参考

任意の断面の断面積は，次の式で定義される。

$$A = \int_A dA \quad \cdots (4.4)$$

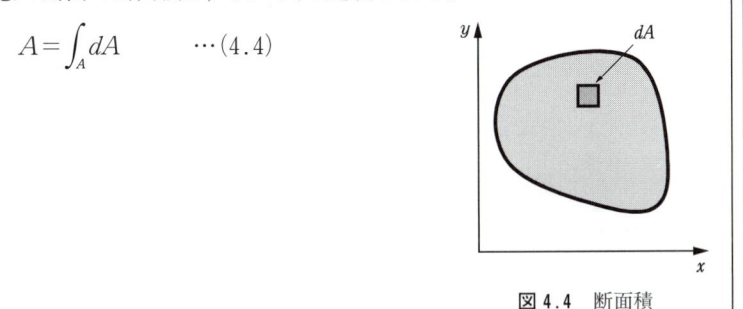

図 4.4　断面積

● 断面形状が関数で表示されるような曲線の場合は，積分により断面積を求める。

4・2　断面一次モーメントと図心

断面の中心を表す用語として，**図心**が用いられる。3 次元の物体の重さの中心を**重心**というが，図心は同様に **2 次元の平面の中心**である。

したがって，部材が均質な材料からなる場合，部材から材軸に垂直に断面部をスライスして取り出し，一本指で支えてつり合う位置が図心となる。

また，対称断面の場合，対称軸上に図心がある。例えば長方形断面の場合，断面の幅と高さの中央位置に図心がある。

複雑な断面形状の図心を求めるには，次に示す**断面一次モーメント**を用いて計算する。

長方形や円形などあらかじめ面積と図心位置が分かっている断面（A_i）を組み合わせた断面の場合，任意の位置にある x 軸周りおよび y 軸周りの断面一次モーメントは，次の式を用いる。

● 4 章の扉「猫の手」の図を参照（p.109）。

● 断面一次モーメントは，せん断応力度の計算にも用いられる（5・3 節）。

$$S_x = \sum_A (A_i \cdot y_i) \quad \cdots (4.5)$$

$$S_y = \sum_A (A_i \cdot x_i) \quad \cdots (4.6)$$

A_i：面積と図心位置が分かっている断面 i の断面積

y_i：断面 i の図心と x 軸との距離

x_i：断面 i の図心と y 軸との距離

例えば，容易に断面積が求められる長方形断面を 2 つ組み合わせた場合（図 4.5）には，x 軸周りについては次の式のように加算により求められる。また，断面積と同様に，減算の方法でも求められる。

$$S_x = A_1 \cdot y_1 + A_2 \cdot y_2 \quad \cdots (4.7)$$

● (4.7) 式は構成する断面について，$A_i \cdot y_i$ を累加することを示す。

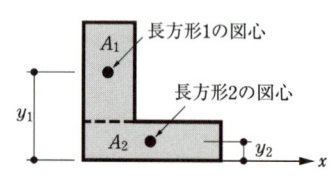

図 4.5　L 形断面の x 軸周りの断面一次モーメントの例

この断面 1 次モーメントと全体の断面積 A を用いて，図心は次の式で表される。

$$y_0 = \frac{S_x}{A} \quad \cdots (4.8)$$

$$x_0 = \frac{S_y}{A} \quad \cdots (4.9)$$

ここで，図心を通る軸周りの断面一次モーメントを考えると，(4.8)，(4.9) 式は 0 となることから，図心を通る軸周りの断面一次モーメントは 0 となることが分かる。

● 力のモーメントが（力）×（距離）であったように，断面一次モーメントは（断面積）×（距離）で表す。距離は軸からの最短距離をとる。

● 図心の座標と断面一次モーメント計算の座標軸が異なることに注意する。

> **例題 1**　断面積と断面一次モーメントを計算し，図心 $G(x_0, y_0)$ を求めなさい。
>
> 図 4.6　L 形断面の図心

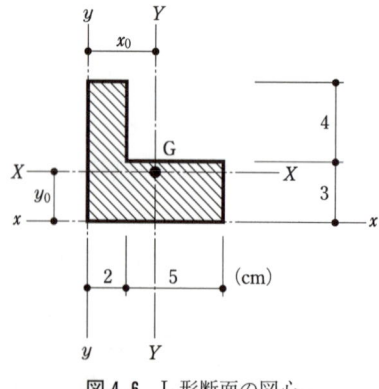

【解答例】

次のように断面1と断面2の2つの長方形に分けて考える。この解答例では，加算の考え方によることとする。

断面積 A は

$A_1 = 2 \times (4+3) = 14 \text{ cm}^2$

$A_2 = 5 \times 3 = 15 \text{ cm}^2$

よって，$A = A_1 + A_2 = 29 \text{ cm}^2$

y 軸周りの断面一次モーメント S_y は

$S_y = A_1 \cdot x_1 + A_2 \cdot x_2 = A_1 \times 2/2 + A_2 \times (5/2+2)$

$\quad = A_1 + 4.5 A_2 = 14 + 4.5 \times 15$

$\quad = 81.5 \text{ cm}^3$

x 軸周りの断面一次モーメント S_x は

$S_x = A_1 \cdot y_1 + A_2 \cdot y_2 = A_1 \times (4+3)/2 + A_2 \times 3/2$

$\quad = 3.5 A_1 + 1.5 A_2 = 3.5 \times 14 + 1.5 \times 15$

$\quad = 71.5 \text{ cm}^3$

したがって，

$x_0 = S_y/A = 81.50/29 = 2.81034 \rightarrow \underline{2.810 \text{ cm}}$

$y_0 = S_x/A = 71.5/29 = 2.4655 \rightarrow \underline{2.466 \text{ cm}}$

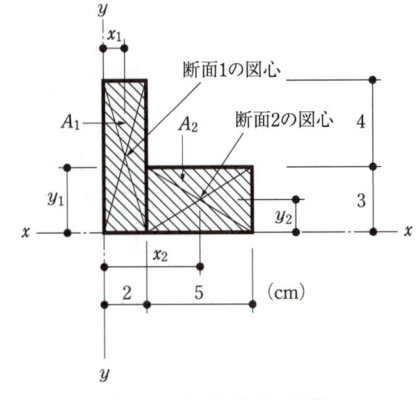

図 4.7　L 形断面の分割

● 断面一次モーメントを計算する軸と図心の座標は直交するので，図心の座標と断面一次モーメントの右添字は x と y が逆となる。

● 図心の位置は，さらに次の断面定数を求めるときに用いるので，途中計算と考え，有効数字は 4 桁とした。

例題 2

断面積と断面一次モーメントを計算し，図心の y 座標 y_0 を求めなさい。

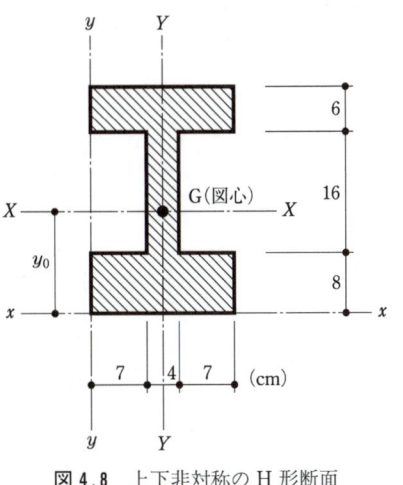

図 4.8　上下非対称の H 形断面

【解答例】

左右対称であるので，図心の x 方向位置は対称軸 Y 上にある。ここでは図心の y 座標のみ求める。

図 4.9 のように計算用に，断面 1，断面 2 と断面 3 の 3 つの長方形に分けて考える。この解答例では，減算の考え方によることとする。

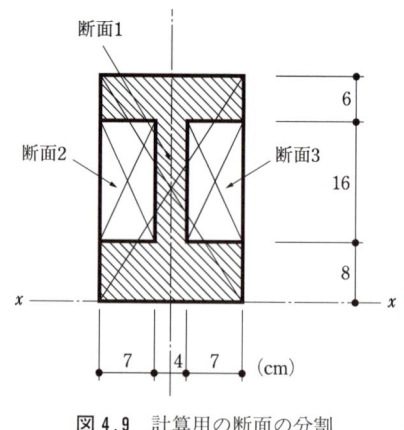

図 4.9 計算用の断面の分割

●断面 1
　…全体を包絡する長方形

断面積 A は，断面 1 の面積 A_1 から断面 2 の断面積 A_2 と断面 3 の断面積 A_3 を差し引くことにより求められる。

$$A_1 = (7+4+7) \times (6+16+8) = 18 \times 30 = 540 \text{ cm}^2$$
$$A_2 = A_3 = 7 \times 16 = 112 \text{ cm}^2$$

よって，$A = A_1 - A_2 - A_3 = 540 - 2 \times 112 = 316 \text{ cm}^2$

x 軸周りの断面一次モーメント S_x は，断面 1 の断面一次モーメントから，断面 2 と断面 3 の断面一次モーメントを差し引くことにより求める。

$$\begin{aligned}
S_x &= A_1 \cdot y_1 - A_2 \cdot y_2 - A_3 \cdot y_3 \\
&= 540 \times 30/2 - 2 \times 112 \times (16/2 + 8) \\
&= 8100 - 3584 \\
&= 4516 \text{ cm}^3
\end{aligned}$$

したがって，

$$y_0 = S_x/A = 4516/316 = 14.291 \rightarrow \underline{14.29 \text{ cm}}$$

参考

図の x 軸周りおよび y 軸周りの断面一次モーメントは，次の式で定義される。

$$S_x = \int_A y \, dA \quad \cdots (4.10)$$
$$S_y = \int_A x \, dA \quad \cdots (4.11)$$

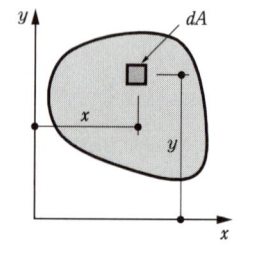

図 4.10 断面一次モーメント

4・3 断面二次モーメント

断面の曲がりにくさを表す断面定数として，**断面二次モーメント**が用いられる。

よく用いられている断面形状は，長方形の組み合わせが多いことから，まず，長方形の断面について説明する。

図 4.11 のように，幅 b より高さ h の大きい長方形断面の部材を曲げるとき，水平軸（x 軸）周りと，鉛直軸（y 軸）周りにモーメント荷重が作用する場合を考える（図 4.12）。

経験的に高さ方向に力を加えて（水平軸周りに）曲げた方が曲りにくいことが想像できる。

このように，曲げ変形を考える場合には，どの軸周りの曲げを考えるかをしっかり認識しておく必要がある。

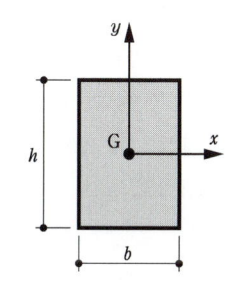

図 4.11 長方形断面

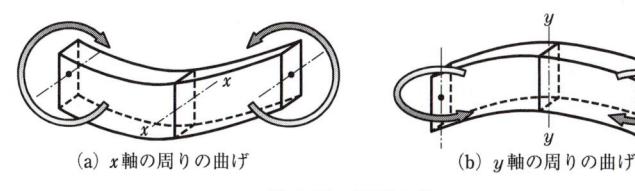

(a) x 軸の周りの曲げ　　(b) y 軸の周りの曲げ

図 4.12 断面の軸

長方形断面の図心を通る x 軸および y 軸周りの二次モーメントは，次の式で表される。

$$I_x = \frac{bh^3}{12} \quad \cdots (4.12)$$

$$I_y = \frac{hb^3}{12} \quad \cdots (4.13)$$

●p.119 の参考を参照のこと。

このように，長方形断面の断面二次モーメントは，対象とする軸を水平に考えると，**幅に比例**し，**高さの 3 乗に比例**する。したがって，単位は長さの 4 乗となり，べき数の大きい高さの影響を強く受ける。

●断面二次モーメントを大きくしたい場合には高さを大きくするのが有効である。

断面が円形や三角形の場合も含めて断面二次モーメントを表4.1にまとめて示すので，公式として利用するとよい。

表 4.1 基本図形の図心を通る軸周りの断面二次モーメント

断面形状	長方形	45度傾いた正方形*	三角形	円　形
図 G：図心				
I_x	$\dfrac{bh^3}{12}$	$\dfrac{h^4}{12}$	$\dfrac{bh^3}{36}$	$\dfrac{\pi d^4}{64}$
I_y	$\dfrac{b^3h}{12}$	$\dfrac{h^4}{12}$	$\dfrac{b^3h}{36}$	$\dfrac{\pi d^4}{64}$

＊正方形の図心を通る断面二次モーメントは，傾きによらず同じ値になる。

基本的な断面形が複数組み合わされて構成される断面の場合には，全体の図心と個々の断面の図心が一致しないことが多い（p.117 例題4参照）。そのため，**図心を通らない軸周りの断面二次モーメント**を求める必要がある。その際には，次の公式を使うと容易に求められる（図4.13）。

$$I_e = I_0 + A \cdot e^2 \quad \cdots (4.14)$$

　I_0：断面の図心を通る x_0 軸周りの断面二次モーメント
　I_e：断面の図心を通る軸から e だけ離れた x 軸周りの断面二次モーメント
　A：断面積

y 軸に関しても，同様に考えることができる。

●後にこの式の導入を解説する。(p.120)

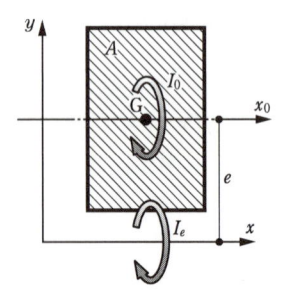

図 4.13 軸の平行移動

長方形や円形など，あらかじめ断面積と図心位置が分かっている断面を組み合わせた断面の場合は，I_0 に表4.1の公式を用いて，上の（4.14）式を用いる。

例題 3

図 4.14 のように，長方形断面の図心を通らない x 軸周りの断面二次モーメントを求めなさい。

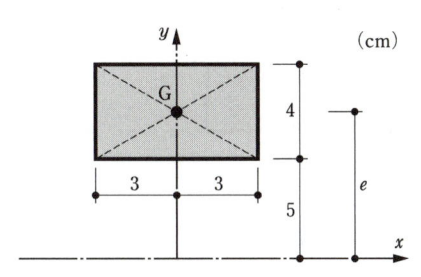

図 4.14 図心を通らない軸周りの断面二次モーメント

● 図心を通らない軸周りの I の計算は，複数の図形を組み合わせた断面の I の計算に用いる。

【解答例】

断面の断面積 A は，

$$A = (3+3) \times 4 = 24 \text{ cm}^2$$

長方形断面は，水平・鉛直方向ともに対称軸がある。断面の図心は対称軸上にあることから，断面中央の位置（図の G）となる。

したがって，(4.14) 式，および表 4.1 の長方形断面の図心を通る軸周りの断面二次モーメントを用いて，

$$I_x = I_{x0} + A \cdot e^2$$
$$= \frac{6 \times 4^3}{12} + 6 \times 4 \times \left(\frac{4}{2} + 5\right)^2$$
$$= 32 + 1176 = \underline{1208 \text{ cm}^4}$$

例題 4

例題 1 と同断面について，図心を通る X 軸および Y 軸周りの断面二次モーメントを求めなさい。

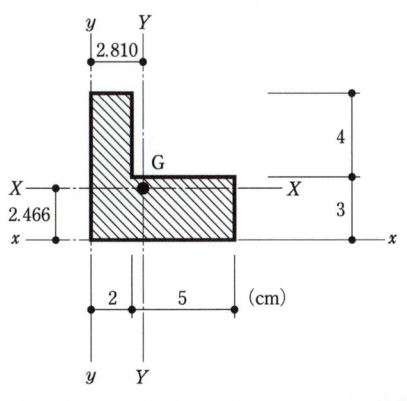

図 4.15 L 形断面の断面二次モーメント

● 複数の長方形断面から成る断面の I の計算

【解答例】

例題1と同様に，断面1と断面2の2つの長方形に分けて考える。

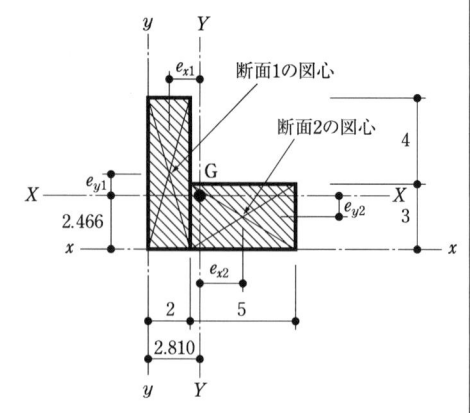

図4.16 L形断面の断面分割例

断面1のX軸周りの断面二次モーメント I_{X1}

$$I_{X1}=I_{x1}+A_1 \cdot e_{y1}^2$$
$$=\frac{2\times 7^3}{12}+2\times 7\times\left(\frac{7}{2}-2.466\right)^2$$
$$=57.17+14.97=72.14 \text{ cm}^4$$

断面2のX軸周りの断面二次モーメント I_{X2}

$$I_{X2}=I_{x2}+A_2 \cdot e_{y2}^2$$
$$=\frac{5\times 3^3}{12}+5\times 3\times\left(2.466-\frac{3}{2}\right)^2$$
$$=11.25+14.00=25.25 \text{ cm}^4$$

したがって，図心を通るX軸周りの断面二次モーメント I_X は，

$$I_X=I_{X1}+I_{X2}$$
$$=72.14+25.25=\underline{97.39 \text{ cm}^4}$$

次に，断面1のY軸周りの断面二次モーメント I_{Y1}

$$I_{Y1}=I_{y1}+A_1 \cdot e_{x1}^2$$
$$=\frac{7\times 2^3}{12}+7\times 2\times\left(2.810-\frac{2}{2}\right)^2$$
$$=4.667+45.87=50.53 \text{ cm}^4$$

断面2のY軸周りの断面二次モーメント I_{Y2}

$$I_{Y2}=I_{y2}+A_2 \cdot e_{x2}^2$$
$$=\frac{3\times 5^3}{12}+3\times 5\times\left(\frac{5}{2}+2-2.810\right)^2$$
$$=31.25+42.84=74.09 \text{ cm}^4$$

したがって，図心を通るY軸周りの断面二次モーメント I_Y は，

$$I_Y=I_{Y1}+I_{Y2}$$
$$=50.53+74.09=124.62 \rightarrow \underline{124.6 \text{ cm}^4}$$

●加算の考えで解いているが，断面一次モーメントの例題2と同様に，断面を包絡する長方形から欠けている部分を引くことによっても解くことができる。

参考

図 4.17 に示す x 軸周りおよび y 軸周りの断面二次モーメントは，次の式で定義される。

$$I_x = \int_A y^2 dA \qquad \cdots(4.15)$$

$$I_y = \int_A x^2 dA \qquad \cdots(4.16)$$

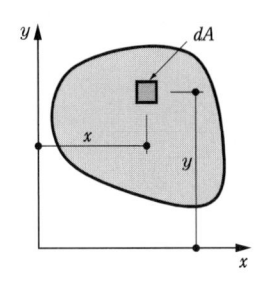

図 4.17 断面二次モーメント

定義式を使って，長方形断面（幅 b，高さ h）の断面二次モーメントの公式を導いてみる。図 4.18 および (4.15) 式により，

$$\begin{aligned}
I_x &= \int_A y^2 dA \\
&= \int_{-h/2}^{h/2} y^2 \cdot b \cdot dy \\
&= b \left[\frac{y^3}{3} \right]_{-h/2}^{h/2} \\
&= \frac{bh^3}{12} \qquad \cdots(4.17)
\end{aligned}$$

● p.115 (4.12) 式と同じ

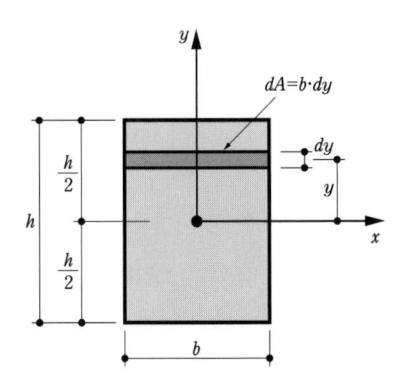

図 4.18 長方形断面の断面二次モーメント

(4.14) 式の解説　p.116（4.14）式は，図心を通る軸から e だけ離れた軸周りの断面二次モーメントを求める式であり，座標軸を e だけ平行移動した場合の断面二次モーメントとみなせる。

以下に式を導く。

図心 G を通る X 軸に関する断面二次モーメントを I_X とし，X 軸と並行で e_y の距離にある x 軸に関する断面二次モーメントを I_x とすると（図 4.19），断面積および断面一次モーメントの定義式を用いて，次のように展開することができる。

$$I_x = \int_A y^2 dA = \int_A (Y + e_y)^2 dA$$
$$= \int_A Y^2 dA + 2e_y \int_A Y dA + e_y{}^2 \int_A dA$$
$$= I_X + 2e_y S_X + e_y{}^2 A$$

さらに，図心を通る軸回りの断面一次モーメントは 0 となるので，$S_X = 0$ より，

$$I_x = I_X + e_y{}^2 A$$

ここで，分かりやすい表現にするために，

$$I_x \to I_e,\ I_X \to I_0,\ e_y \to e$$

と表示すると（4.14）式となる。

$$I_e = I_0 + A \cdot e^2 \qquad \cdots (4.14)$$

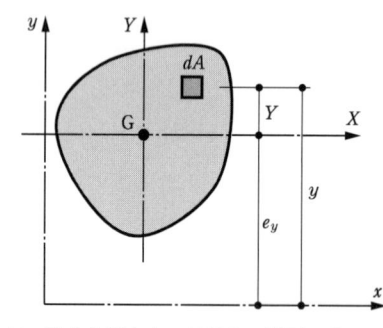

図 4.19　図心を通らない軸周りの断面二次モーメント

この式をみると，断面二次モーメントは，その断面自身の図心を通る軸周りの場合（$I_e = I_0$ のとき）が最小値となり，軸がずれるほど（e が大きいほど），断面二次モーメントが大きくなることが分かる。

鉄骨構造の梁に多く用いられる H 形断面材は，断面全体の図心から離れたところに断面（フランジ）を配置することにより断面二次モーメントを大きくし，部材が軽い上に変形しにくい形状としている。

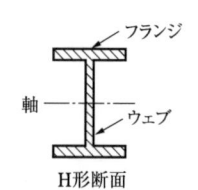

4・4 断面係数

断面係数は曲げモーメントによる応力度を算出する際に用いられるもので，**この値が大きいほど曲げモーメントによる縁応力度が小さくなる**。応力度の詳細は5章で解説するので，ここでは求め方を説明する。

ある断面の x 軸に関する**断面係数**とは，任意の断面の図心Gを通る x 軸に関する断面二次モーメント I_x を，x 軸から断面の両端（軸から最も遠い箇所のことで，**最外縁**ともいう）までの距離 y_1，y_2 で除した値のことで，次の式のように Z_{x1}，Z_{x2} で表す（図4.20参照）。

$$Z_{x1} = \frac{I_x}{y_1}, \quad Z_{x2} = \frac{I_x}{y_2} \quad \cdots (4.18)$$

なお，x 軸周りを対象としていて，x 軸が水平軸である場合，y_1 と y_2 はそれぞれ上側と下側になるため，$Z_上$，$Z_下$ という表示を用いたり，最外縁の応力度は引張り（tension）と圧縮（compression）状態となるため，Z_t，Z_c といった表記をすることもある。

また，x 軸が対称軸の場合，$y_1 = y_2 = y_0$ として，次の式で表す。

$$Z_x = \frac{I_x}{y_0} \quad \cdots (4.19)$$

断面係数の単位は長さの3乗となり，同じ断面二次モーメントであっても，**図心から最外縁までの距離が小さい方が断面係数は大きくなる**。

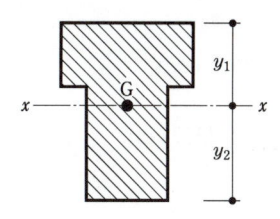

図4.20 断面係数

幅 b，高さ h の**長方形断面の断面係数**は，(4.19) 式に前述 p.115 の (4.12) 式による断面二次モーメントを代入し，次のようになる。

$$Z = \frac{b \cdot h^3}{12} \Big/ \frac{h}{2} = \frac{b \cdot h^2}{6} \quad \cdots (4.20)$$

● 断面係数は4・3 断面二次モーメントを使って求める。

例題 5

例題 1，例題 4 と同断面について，図心を通る X 軸および Y 軸周りの断面係数を求めなさい。

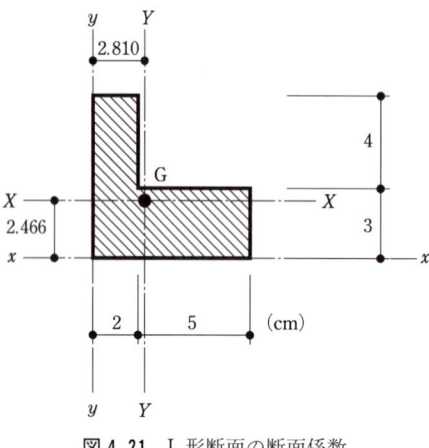

図 4.21　L 形断面の断面係数

【解答例】

例題 4 より，

$I_X = 97.39 \text{ cm}^4$，$I_Y = 124.6 \text{ cm}^4$ であるので，

断面の上側，下側，左側，右側に関する断面係数は，それぞれ次のようになる。

$$Z_上 = \frac{97.39}{7-2.466} = 21.48 \text{ cm}^3, \quad Z_下 = \frac{97.39}{2.466} = 39.49 \text{ cm}^3$$

$$Z_左 = \frac{124.6}{2.810} = 44.34 \text{ cm}^3, \quad Z_右 = \frac{124.6}{7-2.810} = 29.74 \text{ cm}^3$$

4・5 種々の断面定数

4.1〜4.4に主要な断面定数を述べたが，それら以外に次のようなものもある。ここでは簡単な説明と定義を述べる。

4.5.1 断面二次半径

部材に圧縮応力が作用する場合の不安定現象である座屈に関する計算に用いる。x 軸周りの断面二次半径は，次の式で定義される。単位は長さと同じである。

$$i_x = \sqrt{\frac{I_x}{A}} \qquad \cdots (4.21)$$

I_x：x 軸周りの断面二次モーメント
A：断面積

●座屈の計算は，p. 156, 7・5 節参照

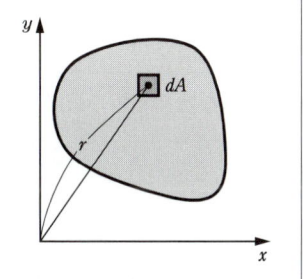

4.5.2 断面極二次モーメント

断面二次モーメントは部材の曲げであるが，断面極二次モーメントは断面のねじれに関する断面定数で，次の式で定義される。

$$I_P = \int_A r^2 dA \qquad \cdots (4.22)$$
$$= \int_A (x^2 + y^2)\, dA = I_x + I_y$$

断面極二次モーメントは，直交する 2 軸（x 軸と y 軸）周りの断面二次モーメントの

図 4.22　断面極二次モーメント

和と等しくなる。これから，任意方向の直交 2 軸周りの断面二次モーメントの和は一定となることが分かる。

4.5.3 断面相乗モーメント，断面主二次モーメント，主軸

断面相乗モーメントは，断面の主軸を求める際に用いる。

$$I_{xy} = \int_A xy\, dA \qquad \cdots (4.23)$$

直交 2 軸を図心周りに回転して考えたとき，I_{xy} が 0 となる場合，I_x と I_y は最大値もしくは最小値となる。そのときの直交する 2 つの軸を主軸，最大となる主軸を強軸，最小となる主軸を弱軸，I_x と I_y を断面主二次モーメントという。

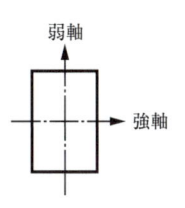

長方形断面の主軸

断面定数の定義式のまとめ

断面定数の定義をまとめたものを表4.2に示す。

表 4.2　諸断面定数

断面定数	記号例	定　義	使用目的	単位*
断面積	A	$A=\int_A dA$	図心，圧縮応力度	[長さ]^2
断面一次モーメント	S_x	$S_x=\int_A ydA$	図心，せん断応力度	[長さ]^3
断面二次モーメント	I_x	$I_x=\int_A y^2 dA$	曲げ剛性，たわみ	[長さ]^4
断面係数	$Z_{x1},\ Z_{x2}$	$Z_{x1}=\dfrac{I_x}{y_1}$	曲げ応力度	[長さ]^3
断面二次半径	i_x	$i_x=\sqrt{\dfrac{I_x}{A}}$	座屈，細長比	[長さ]
断面極二次モーメント	I_p	$I_p=\int_A r^2 dA$	ねじり	[長さ]^4
断面相乗モーメント	I_{xy}	$I_{xy}=\int_A xydA$	主軸	[長さ]^4

　*　［長さ］は長さの単位を示し，m，cm，mm などを用いる。本章の例題ではcmを用いた。

☞ p.187 の付録①に，いろいろな断面定数の公式を示す。

第5章
応力と応力度

3章では構造物に荷重が作用したときの反力と部材に発生する軸力，曲げモーメント，せん断力といった応力を求める方法を学んだ。　●3章

4章では部材の力学的な性質を決める断面定数について学んだ。　●4章

本章では，応力から断面定数を用いて，応力度に換算する方法を学ぶ。この応力度を用いて，6章の変形計算や7章の部材設計を行うことになる。　●6章，7章

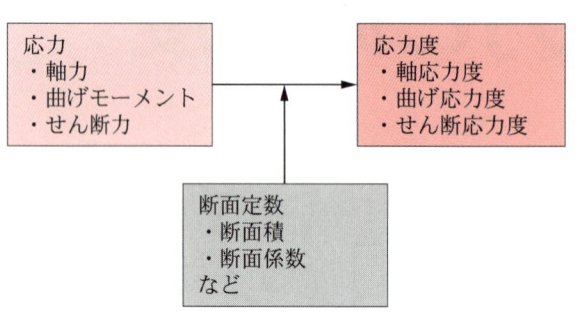

図5.1 応力と応力度

応力度は**単位面積当たりの力**のことである。

応力度の種類は材料力学的に断面に対する方向による分類から，断面に垂直な方向の**垂直応力度**と断面に沿った方向の**せん断応力度**の2種類がある。

一方，本章で扱う骨組の力学では，軸力（引張軸力と圧縮軸力），曲げモーメント，せん断力に対応させて，軸応力度（引張応力度と圧縮応力度），曲げ応力度，せん断応力度を用いる。これらのうち，軸方向応力度と曲げ応力度は材料力学的には垂直応力度に分類される。

5・1　軸力による応力度

図5.2は部材に軸力 N が発生しているとき，部材の途中で仮想的に切断した場合の切り口に発生している応力度を矢印で表示している。このように，軸力 N は断面に均等にかかる垂直応力度となり，**軸応力度 σ** として次の式で表される。

$$\sigma = \frac{N}{A} \quad \cdots (5.1)$$

　　A：部材の断面積

なお，σ は，引張応力度の場合 σ_t，圧縮応力度の場合 σ_c と表示することがある。

● σ はギリシャ文字で，シグマと読む。

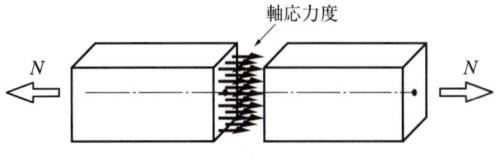

図 5.2　軸力と軸応力度

建築構造材料として，鋼材とコンクリートが多く用いられている。

それぞれの特性を調べるために，定められた試験片に軸力を作用させて行われる引張試験と圧縮試験がある。そのときの応力度-ひずみ度曲線は図5.3(a)と(b)のように複雑な形状となる。

ここで**ひずみ度 ε** は，変形量 ΔL を元の長さ L で除した値として定義される。

$$\varepsilon = \frac{\Delta L}{L} \quad \cdots (5.2)$$

これらの曲線のうち，応力度が無い状態からある値になるまでは応力度とひずみ度は比例し，曲線の傾きはほぼ一定となる。

また，その勾配を示す値（図中の E_s，E_c で表示）を**縦弾性係数（ヤング係数，ヤング率**ともいう）という。その範囲の応力度とひずみ度の関係を式表示すると以下のようになる。

$$\sigma = E \cdot \varepsilon \quad \cdots (5.3)$$

本書では，この関係が成立する範囲（応力度とひずみ度が比例関係となる範囲）の構造力学を取り扱っている。

● 定められた試験片：例えば JIS　Z 2241 の附属書D，JIS A 1132

● ε はギリシャ文字で，イプシロンと読む

● ヤング係数のように同じ材料で一定の値となるものを，材料定数という。このほかに，せん断弾性係数 G やポアソン比 ν などがある（p.136, 6.1.3節参照）。

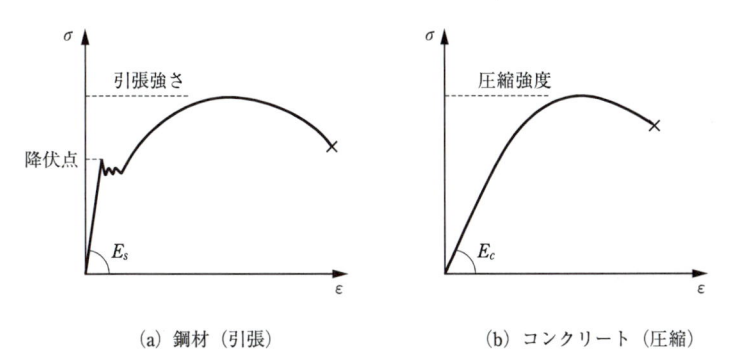

(a)　鋼材（引張）　　　(b)　コンクリート（圧縮）

図 5.3　構造材料の応力度-ひずみ度関係の例

5・2 曲げモーメントによる応力度

　図5.4は，部材が曲げられ，曲げモーメントのみが発生するとき，部材の途中を仮想的に切断した場合の切り口に発生している垂直応力度を示したものである。この三角形分布の垂直応力度を**曲げ応力度**という。

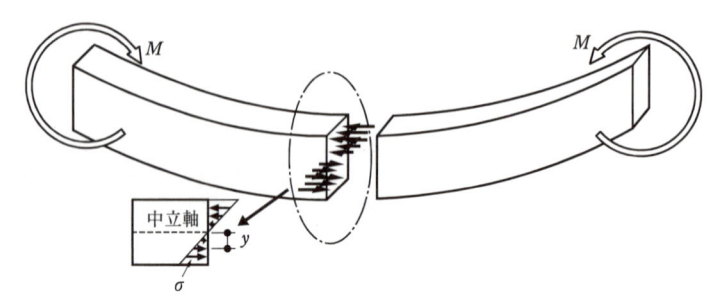

図5.4 曲げモーメントと曲げ応力度

　ここで，材軸方向に伸び縮みしない部材の軸を中立軸とし，中立軸から単位の距離にある応力度を σ_0 とすると $\sigma = \sigma_0 \cdot y$ であるから，断面における材軸方向の力のつり合い条件から (5.4) 式，および曲げモーメントのつり合い条件から (5.5) 式となる。

$$\int_A \sigma_0 \cdot y \cdot dA = \sigma_0 \int_A y \cdot dA = \sigma_0 \cdot S_x = 0 \qquad \cdots (5.4)$$

$$M = \int_A \sigma_0 \cdot y \cdot dA \cdot y = \sigma_0 \int_A y^2 dA = \sigma_0 I_x \qquad \cdots (5.5)$$

　(5.4) 式より，断面一次モーメント S_x が 0 となるのは軸が図心を通るときなので，中立軸が図心を通ることが示される。さらに (5.5) 式より，中立軸から y だけ離れた位置における垂直応力度は，次のようになる。

$$\sigma = \sigma_0 \cdot y = \frac{M}{I_x} y \qquad \cdots (5.6)$$

● 断面一次モーメントの定義式：(4.10) 式
● 断面二次モーメントの定義式：(4.15) 式
● 図心の定義式 (4.8)，(4.9) 式参照 (p.112)

断面内の最大の引張応力度 σ_t や最大の圧縮応力度 σ_c は，断面の図心を通る軸から最も離れた縁部（最外縁）に生じ，これらを**縁応力度**と言う（図5.5）。これを単に**曲げ応力度**ということもある。

縁応力度は，断面係数 Z を用いて，次の式で表される。

$$\sigma_t = \frac{M}{I_x}y_t = \frac{M}{Z_t}, \qquad \sigma_c = \frac{M}{I_x}y_c = \frac{M}{Z_c} \qquad \cdots(5.7)$$

●4・4 断面係数

●曲げモーメントによる垂直応力度と区別する場合は，縁応力度というのが望ましい。

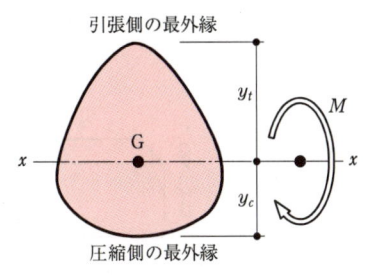

図 5.5 曲げモーメントによる縁応力度

例題 1

次の長方形断面をもつ部材に，水平軸周りの曲げモーメント $M = 36$ kNm が作用した場合の縁応力度を求めなさい。

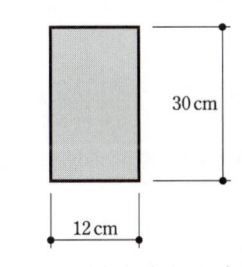

図 5.6 長方形断面の縁応力度

【解答例】

この断面の断面係数は，(4.20) 式より

$$Z = \frac{12 \cdot 30^2}{6} = 1800 \text{ cm}^3 \quad \rightarrow \quad 1.800 \times 10^6 \text{ mm}^3$$

したがって，縁応力度は，

$$\sigma = \frac{36 \text{ kNm}}{1.800 \times 10^6 \text{ mm}^3} = \frac{36 \times 10^6 \text{ Nmm}}{1.800 \times 10^6 \text{ mm}^3} = 20 \text{ N/mm}^2$$

●p.121，4・4節の(4.20) 式
$Z = \dfrac{b \cdot h^2}{6}$

$1 \text{ cm}^3 \rightarrow 1 \times 10^3 \text{ mm}^3$

$1 \text{ kNm} \rightarrow 1 \times 10^6 \text{ Nmm}$

5・3 せん断力による応力度

図5.7は，部材にせん断力 Q が発生しているとき，部材の途中で仮想的に切断した場合の切り口に発生している応力度を矢印で表示している。このように，せん断力 Q は断面に沿った方向の応力度となる。

これを**せん断応力度 τ** といい，中立軸から y だけ離れた位置の値として，次の式で表される。

$$\tau = \frac{Q \cdot S}{b \cdot I_x} \quad \cdots (5.8)$$

S：y より外側にある断面の中立軸に関する断面一次モーメント
b：y の位置の断面の幅
I_x：全断面の中立軸に関する断面二次モーメント

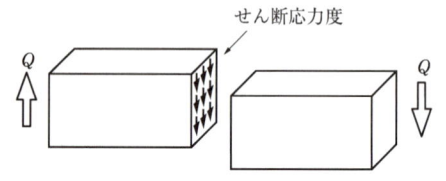

● τ はギリシャ文字で，タウと読む。

図 5.7 せん断力とせん断応力度

断面内におけるせん断応力度の最大値は断面形状により決まるので，通常次の（5.9）式が用いられる。

長方形断面の場合，せん断応力度の大きさは，せん断力方向の縁部において 0 で，断面せいの中央で最大となる。

$$\tau_{\max} = \kappa \cdot \frac{Q}{A} \quad \cdots (5.9)$$

ここで，κ は**最大せん断応力度の形状係数**で，基本的な断面の値は表5.1による。

● κ はギリシャ文字で，カッパと読む。
● κ には，最大せん断応力度用の形状係数と6.1.3節のせん断変形用の形状係数の2種類があるので注意する。

表 5.1 最大せん断応力度用形状係数

断　面	長方形	三角形	円　形	中空円形
図	▢	△	○	◎
形状係数 κ	$\frac{3}{2}$	$\frac{3}{2}$	$\frac{4}{3}$	2

＊ せん断変形用形状係数と異なる。

また，鉄骨構造の梁材に一般的に用いられる H 形断面の場合，最大せん断応力度は次の式で求めても差し支えないことが多い。

$$\tau_{\max} = \frac{Q}{A_w} \quad \cdots (5.10)$$

ここで，A_w はウェブの断面積である。
$A_w = (H - 2t_f) \times t_w$ （図 5.8）

● 最大せん断応力度用形状係数は，最大せん断応力度と平均せん断応力度の比ともいえる。

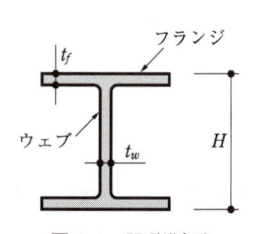

図 5.8 H 形断面

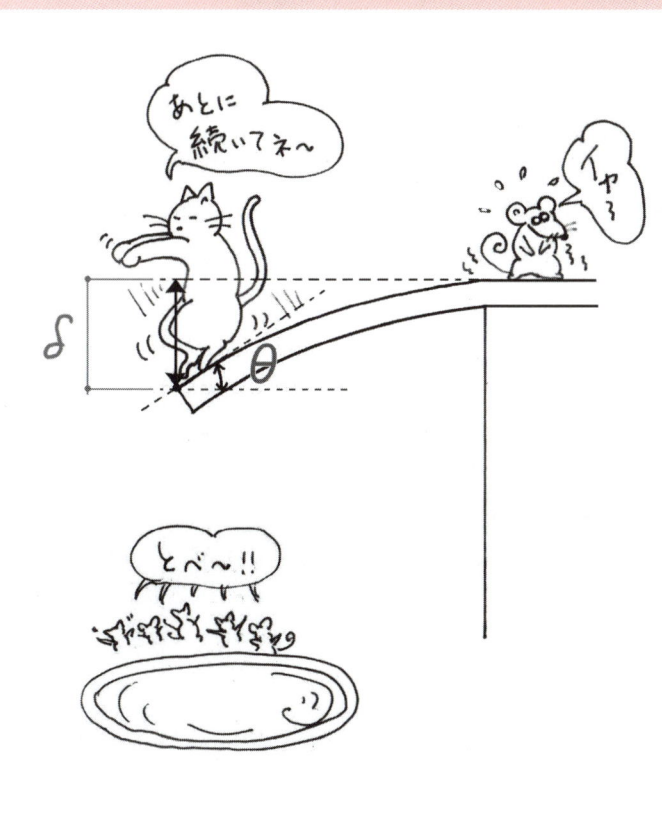

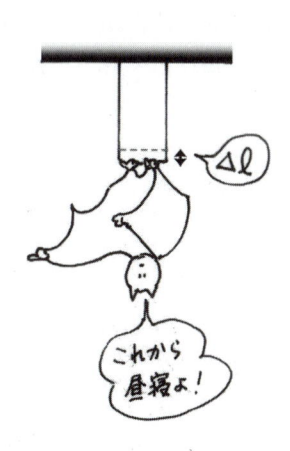

第6章
構造物の変形

第6章 構造物の変形

構造物の安全性を検討する際に，その応力に関する検討と変形に関する検討を行う必要がある。本章では，まず6・1節で簡単な構造について変形の考え方を学んだ後，様々な構造物の変形を求める方法について学ぶ。

また，6・2節以降で学ぶ3つの解法には，微分や積分を用いる方法があり少し難解なところがあるが，構造の専門家を目指す人には是非理解して欲しい内容である。

さらにこの3つの解法のうち，仮想仕事法による解法は，8章の不静定ラーメンの解法（応力計算）にも利用されるので，十分理解しておこう。

図 6.1 立体ラーメン骨組の変形

●8章

6・1 簡単な構造の各種変形

簡単な構造として，1本の部材からなる静定構造物について考える。3種類の応力，すなわち軸力，曲げモーメントおよびせん断力に対応した変形量を求める式について説明する。

6.1.1 軸力による変形（軸変形）

長さ L，断面積 A の部材に材軸方向に荷重 N が作用すると，部材に軸力が発生し，**軸変形**が生じる。図6.2は軸力が引張の場合で，その軸変形は伸び変形である。一方，軸力が圧縮の場合，軸変形は縮み変形となる。

その軸変形量 ΔL は，軸力が引張，圧縮にかかわらず，5章の（5.1）式，（5.2）式および（5.3）式を用いて，次のようになる。

●5章（p.127）

$$\Delta L = \varepsilon \cdot L = \frac{\sigma}{E} L = \frac{L}{AE} N \qquad \cdots (6.1)$$

図 6.2 軸力による変形

軸変形量 ΔL は，**軸力 N と部材の長さ L に比例し，断面積 A とヤング係数 E に反比例**する。

なお，圧縮軸力の場合，弾性範囲の変形であっても，7・5節で説明する座屈が生じた場合は，この関係は成立しなくなる。

●7・5節参照(p.156)

6.1.2　曲げモーメントによる変形（曲げ変形）

曲げモーメントによる変形を**曲げ変形**という。

図 6.3 のように，曲げ変形による梁材のある 1 点 C における鉛直方向の移動量を**たわみ**という。

また，梁の変形後，材軸の接線の元の方向に対する角度変化を**たわみ角**という。

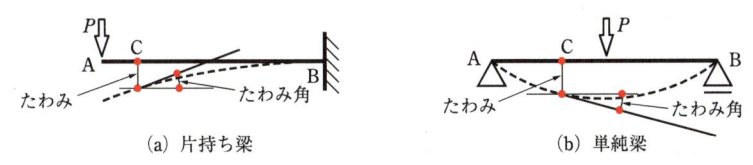

(a) 片持ち梁　　(b) 単純梁

図 6.3　梁の C 点のたわみ，たわみ角

長さ L の片持ち梁の先端に，集中荷重 P が作用する場合の自由端（先端）のたわみ δ は，次のようになる。

$$\delta = \frac{PL^3}{3EI} \quad \cdots (6.2)$$

また，長さ L の単純梁の中央に集中荷重 P が作用する場合の中央のたわみ δ は次のようになる。

$$\delta = \frac{PL^3}{48EI} \quad \cdots (6.3)$$

このように曲げ変形は，**荷重 P と部材長さ L の 3 乗に比例し，ヤング係数 E と断面二次モーメント I に反比例**する。

曲げ変形の式には，梁の形式や荷重の種類によらず分母にヤング係数と断面二次モーメントを掛けた EI があるが，これは，材料と断面形状から決まるもので，**曲げ剛性**という。

片持ち梁と単純梁の各種荷重に対するたわみ角とたわみを，p.135 表 6.1 にまとめて示す。これらを公式として利用してもよい。

例題1

次のように，集中荷重と等分布荷重が同時に作用する単純梁の中央Cの曲げ変形によるたわみを，たわみの公式を用いて求めなさい。

ただし，部材の材料のヤング係数 E は 2.0×10^4 N/mm²，断面二次モーメントは 3.0×10^8 mm⁴ とする。

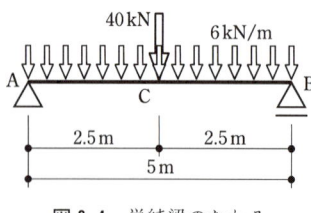

図6.4 単純梁のたわみ

【解答例】

次ページの表6.1の**たわみの公式**を使って，この問題のたわみを求める。

集中荷重と等分布荷重の2種類の荷重が同時に作用するので，それぞれ別々にたわみを求めて最後にたし合わせることとする。

スパン5mの中央に集中荷重40kNが作用している場合，表6.1の（c）より，そのときのたわみは，

$$\delta_{C\,集中} = \frac{PL^3}{48EI}$$

$$= \frac{40 \times 10^3 \times (5 \times 10^3)^3}{48 \times 2.0 \times 10^4 \times 3.0 \times 10^8} = 17.36 \text{ mm}$$

また，スパン5m全体に等分布荷重6kN/mが作用している場合，表6.1の（d）より，そのときのたわみは，

$$\delta_{C\,分布} = \frac{5wL^4}{384EI}$$

$$= \frac{5 \times 6 \times (5 \times 10^3)^4}{384 \times 2.0 \times 10^4 \times 3.0 \times 10^8} = 8.138 \text{ mm}$$

したがって，

$$\delta_C = \delta_{C\,集中} + \delta_{C\,分布}$$
$$= 17.36 + 8.138 = 25.498 \rightarrow \underline{25.5 \text{ mm}}$$

●3・1節の参考「重ね合わせの原理（p.55）は，たわみについても適用できる。

●単位をNとmmに統一する。

表 6.1 曲げ変形による たわみの公式

	荷重 せん断力図 曲げモーメント図	たわみ角 θ	たわみ δ
片持ち梁	(a) 集中荷重 P（自由端A、固定端B、長さL）、せん断力図 P（−）、曲げモーメント図 PL	$\theta_A = \dfrac{PL^2}{2EI}$	$\delta_A = \dfrac{PL^3}{3EI}$
	(b) 等分布荷重 w、せん断力図 wL（−）、曲げモーメント図 $wL^2/2$	$\theta_A = \dfrac{wL^3}{12EI}$	$\delta_A = \dfrac{wL^4}{15EI}$
単純梁	(c) 中央集中荷重 P、支間 L、せん断力図 $P/2$（+）、$P/2$（−）、曲げモーメント図 $PL/4$	$\theta_A = \dfrac{PL^2}{16EI}$	$\delta_C = \dfrac{PL^3}{48EI}$
	(d) 集中荷重 P（a, b）、せん断力図 bP/L（+）、aP/L（−）、曲げモーメント図 abP/L	$\theta_A = \dfrac{Pab(2L-a)}{6EIL}$	$\delta_C = \dfrac{Pa^2b^2}{3EIL}$
	(e) 等分布荷重 w、せん断力図 $wL/2$（+）、$wL/2$（−）、曲げモーメント図 $wL^2/8$	$\theta_A = \dfrac{wL^3}{24EI}$	$\delta_C = \dfrac{5wL^4}{384EI}$

たわみ角 θ は，時計回りが正，たわみは下方向を正とする。
E は材料のヤング係数，I は断面の断面二次モーメントを示す。

6.1.3 せん断力による変形

長さ（スパン）L の片持ち梁の先端に集中荷重 P が作用する場合，曲げ変形の他に，図6.5に示す**せん断変形**も生じる。せん断変形によるたわみは，次のように求められる。

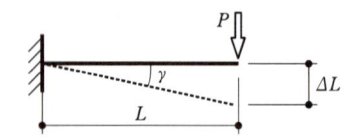

図 6.5 せん断力による変形（曲げ変形を含まず）

せん断応力度 τ とせん断ひずみ度 γ の関係は，次の式で表される。

$$\tau = G \cdot \gamma \quad \cdots (6.4)$$

ここで，G は**せん断弾性係数**で，ヤング係数と $G = \dfrac{E}{2(1+\nu)}$ の関係がある。

● γ はギリシャ文字でガンマと読む。
● 5・1 参照（p.127）

ν は**ポアソン比**である。材料が一方向に引張応力を受け，その方向に伸びたとき，直角方向には逆に縮みが生じる。この応力を，直角方向のひずみ度と応力方向のひずみ度の比（正の値）として定義される材料定数の一つである。

● ν はギリシャ文字で，ニューと読む。

また，せん断応力度 τ は，次の式で表される。

$$\tau = \kappa \dfrac{Q}{A} \quad \cdots (6.5)$$

κ は**せん断変形用の形状係数**で，長方形断面 $\kappa = 1.2$，円形断面 $\kappa = 1.18$ である。また，H形断面の場合，A をH形断面の全断面積，A_w をウェブの断面積として，$\kappa \fallingdotseq A/A_w$ が用いられる。

● 最大のせん断応力度用の形状係数 κ は，5・3 参照（p.130）
● ウェブの断面積は 5.3 参照（p.130）

せん断ひずみ度 γ は，次の式で表される。

$$\gamma = \dfrac{\Delta L}{L} \quad \cdots (6.6)$$

図6.5の片持ち梁の場合，全長にわたってせん断力は $Q = P$ と一定であるので，せん断変形によるたわみ ΔL は，せん断ひずみ度 γ に全長 L を乗じて次の式で表される。

$$\Delta L = \gamma \cdot L = \dfrac{\tau}{G} L = \kappa \dfrac{L}{GA} Q \quad \cdots (6.7)$$

せん断変形 ΔL は，**せん断力 Q と 形状係数 κ と部材長さ L に比例**し，**せん断弾性係数 G と断面積 A に反比例**する。

6・2　弾性曲線式による解法

弾性曲線式（たわみ曲線式ともいう）は，梁の曲げ変形の状態を微分方程式で表し，その微分方程式に境界条件を適用して数学的に解く方法である。

水平であった梁が曲げモーメントを受けて図6.6のように曲げられたとき，変形が小さい場合（$\tan\theta \fallingdotseq \theta$ とみなせる場合），次の式が成り立つ。

$$\frac{dy}{dx} = \theta \quad \cdots(6.8)$$

$$\frac{d^2y}{dx^2} = \frac{d\theta}{dx} = -\frac{M}{EI} \quad \cdots(6.9)$$

境界条件には，支点の変形の拘束条件や，部材の連続条件を用いる。

図6.7(a)～(c) に単純梁，片持ち梁，はね出し梁の境界条件を例示する。

(a)の単純梁では，両端（$x=0$ および $x=L$）のとき，ピン支点でたわみが0なので，$y=0$ となる。

(b)の片持ち梁では，固定端（図では $x=0$）では，たわみもたわみ角も生じないので，$y=0$, $\dfrac{dy}{dx}=0$ となる。

(c)のはね出し梁の場合，支点位置の拘束条件は単純梁と同じとなるが，加えてはね出し部分の元端の点で部材が剛接され連続につながっているため，その点でたわみおよびたわみ角が左右で等しいという条件を用いる。

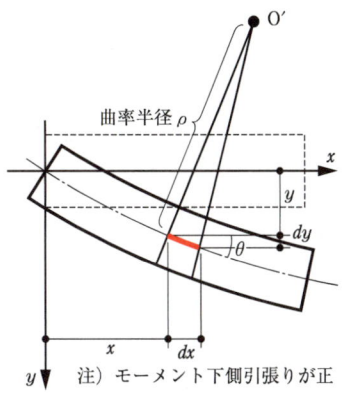

図6.6 梁の変形状態
注）モーメント下側引張りが正

(a) 単純梁　(b) 片持ち梁　(c) はね出し梁

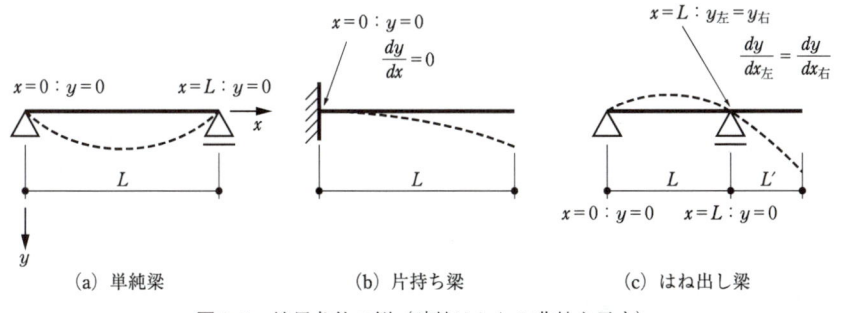

図6.7 境界条件の例（破線はたわみ曲線を示す）

例題 2　片持ち梁のたわみ

次の片持ち梁の自由端における曲げモーメントによるたわみ（鉛直変位）δ を，弾性曲線式により求めなさい。

ただし，EI の値は $1.00 \times 10^5 \text{ kNm}^2$ とする。

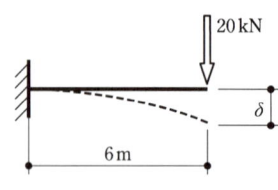

図 6.8　片持ち梁のたわみ

【解答例】

まず，曲げモーメントを求める。

自由端から左に x の位置の曲げモーメント（図 6.9）は，梁の上側が引張となるので "$-$" をつけて

$$M = -20x \quad \cdots ①$$

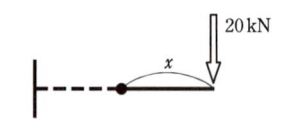

図 6.9　片持ち梁の曲げモーメントの計算

(6.9) 式より，

$$EI \frac{d^2y}{dx^2} = -M$$

したがって，

$$EI \frac{d^2y}{dx^2} = 20x \quad \cdots ②$$

これを x について積分すると，C_1 を積分定数として，

$$EI \frac{dy}{dx} = \frac{20}{2} x^2 + C_1$$
$$= 10x^2 + C_1 \quad \cdots ③$$

さらに x について積分する。C_2 を積分定数として，

$$EIy = \frac{10}{3} x^3 + C_1 x + C_2 \quad \cdots ④$$

● 3 章では曲げモーメント図中に符号（$+$ や $-$）を付けていないが，水平の梁などで符号を付ける必要があるときは，梁の下側が引張の場合 "$+$"，梁の上側が引張の場合 "$-$" と定義する。

● p. 188 付録 4
9. 不定積分を参照。

ここで，片持ち梁なので，図 6.7(b) を参考に境界条件を与え，積分定数を求める。

(1) $x=6$ で $y=0$

④から，

$$0 = \frac{10}{3} \times 6^3 + 6C_1 + C_2$$

$$0 = 720 + 6C_1 + C_2 \quad \cdots ⑤$$

(2) $x=6$ で $\frac{dy}{dx}=0$

③から，

$$0 = 10 \times 6^2 + C_1$$

$$0 = 360 + C_1$$

$$C_1 = -360 \quad \cdots ⑥$$

⑥を⑤に代入して

$$0 = 720 - 6 \times 360 + C_2$$

よって，$C_2 = 1440$

したがって，④式は次のようになり，自由端から x の位置のたわみが得られる。

$$EIy = \frac{10}{3}x^3 - 360x + 1440$$

自由端のたわみは，$x=0$ のときの y の値であるので，

$$y = \frac{1440}{EI} = \frac{1440}{1.00 \times 10^5} = 0.0144 \,\mathrm{m} \quad \rightarrow \quad \underline{14.4 \,\mathrm{mm}}$$

6・3 モールの定理による解法

モールの定理は，前節の弾性曲線式によるたわみの関係式と応力間の関係式の相似性を利用して，たわみを求める方法である。

図6.10のように，たわみの式と応力間の式に対応関係があることから，実際の曲げモーメントを EI で除したもの（M/EI）を仮想荷重（分布荷重）として考えた場合のせん断力が，実際のたわみ角 θ，曲げモーメントが実際のたわみ y となる。

$$\left. \begin{matrix} \dfrac{dy}{dx} = \theta \\[4pt] \dfrac{d^2y}{dx^2} = \dfrac{d\theta}{dx} = -\dfrac{M}{EI} \end{matrix} \right\} \iff \begin{cases} \dfrac{dM}{dx} = Q \\[4pt] \dfrac{d^2M}{dx^2} = \dfrac{dQ}{dx} = -w \end{cases}$$

たわみの関係（弾性曲線式）　　　応用力の関係式

図6.10 モールの定理の原理

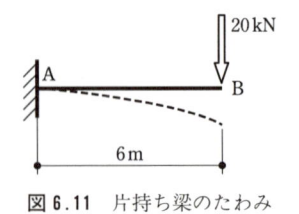

● 図6.10の対応関係
$y : M$
$\theta : Q$
$\dfrac{M}{EI} : w$

なお，前節の弾性曲線式で境界条件の設定を行ったが，モールの定理を利用する際には，境界条件を合わせるために，表6.2の置き換えが必要となる。

表6.2 支点等の置き換え

実際の支点等	仮想の支点等
ピン支点	ピン支点（そのまま）
固定端	自由端
自由端	固定端
△	○
○	△

例題3　片持ち梁のたわみ

次の片持ち梁の自由端Bにおける曲げモーメントによるたわみ（鉛直変位）を，モールの定理により求めなさい。

ただし，EI の値は $1.00 \times 10^5\,\mathrm{kNm^2}$ とする。

図6.11 片持ち梁のたわみ

【解答例】

まず曲げモーメント図を求める。

自由端 B から左に x の位置の曲げモーメント（図 6.12）は，梁の上側が引張であるので，"－"をつけて

$$M = -20x \quad \cdots ①$$

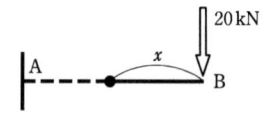

図 6.12 片持ち梁の曲げモーメントの計算

したがって，固定端 A における曲げモーメント M_{AB} は，

$$M_{AB} = -20 \times 6 = -120 \text{ kNm}$$

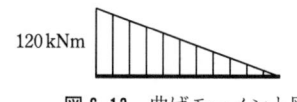

図 6.13 曲げモーメント図

この M を EI で除したものを荷重（三角形分布荷重）として，さらに表 6.2 より梁の支点を置き換えて，B 点の曲げモーメントを求める。曲げモーメントが部材の上側にあり，符号は"－"であるので荷重は上向きに作用させる。

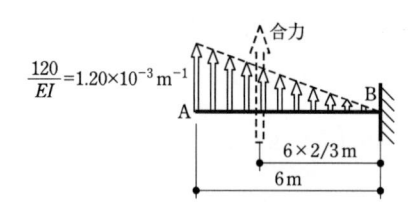

図 6.14 仮想の荷重を作用させた状態

実際の B 点のたわみは，仮想の状態の B 点の曲げモーメント M_{BA}' を求めればよい。M_{BA}' は，B 点で仮想的に切断し，その左側にある力から計算する。この場合，変形を考えると下側が引張となるので，符号は"＋"とし，三角形分布荷重の合力がその重心位置に作用すると考える。

$$\delta_B = M_{BA}' = 1.20 \times 10^{-3} \times 6 \times \frac{1}{2} \times 6 \times \frac{2}{3} = 0.0144 \text{ m} \quad \rightarrow \quad \underline{14.4 \text{ mm}}$$

　　　　　　　　荷重の三角形の面積　合力と B 点の距離

●弾性曲線式による例題 2 と同じ値となる。

6・4 仮想仕事法による解法

仮想仕事法とは、「つり合っている状態の構造物に仮想の外力等を与えて、そのつり合い位置から微小な変位を生じさせたとき、実際の外力および内力によって構造物が得た仮想仕事の総和は0となる」というものである。

> ●仕事＝力×力方向の変位、またはモーメント×回転角

この節で扱う仮想仕事法は、弾性変形する構造物を対象としたものである。**仮想外力**（大きさ1）を与え、仮想外力による仕事と仮想外力によって生じた内力による仕事が等しいとするものである。

これを式により表示すると、曲げ変形のみを対象とする場合、次の式となる。

$$1 \times \delta_X = \int M_1 \cdot \frac{M_0}{EI} dx \quad \cdots (6.10)$$

δ_X：単位(1)の大きさの仮想外力を作用させた位置 X の実際の変位。仮想外力が集中荷重の場合はたわみ、仮想外力がモーメント荷重の場合は回転角（たわみ角）となる。

M_0：実際に生じている曲げモーメント

M_1：仮想外力による仮想曲げモーメント

x：材軸方向の座標

E：ヤング率

I：断面二次モーメント

> ●求めたい変位の種類（たわみ、たわみ角）に応じた仮想外力（それぞれ集中荷重、モーメント荷重）を設定する。

(6.10) 式は、通常次の式の形で用いる。積分区間は構造物全体である。

$$\delta_X = \int \frac{M_1 \cdot M_0}{EI} dx \quad \cdots (6.11)$$

また、曲げ変形だけでなく、せん断変形や軸変形の計算にも同様に用いられ、一般的な表示として次の式が用いられる。

$$\delta_X = \int \frac{M_1 \cdot M_0}{EI} dx + \int \frac{\kappa Q_1 \cdot Q_0}{GA} dx + \int \frac{N_1 \cdot N_0}{EA} dx \quad \cdots (6.12)$$

> ●κ は、せん断変形用の形状係数 (6.1.3 参照、p.136)

ここで、応力 M、Q、N の添字の0は実際の応力、1は仮想外力による応力を示す。

したがって、静定トラスの場合、軸力だけしか生じないので、次の式を適用する。

> ●(6.12) 式の断面定数、材料定数の記号は 6・1 参照

$$\delta_X = \int \frac{N_1 \cdot N_0}{EA} dx \quad \cdots (6.13)$$

応力が直線分布する場合は、積分を直接計算する代わりに、仮想の応力、実際の応力および材軸方向の長さを座標とした立体を考え、その体積を計算することでも求めることができる（例題 4、5 の解答例 2 参照）。

> ●例題 4 および 5 の解答例 2 を参照

6・4 仮想仕事法による解法

> **例題 4**　**片持ち梁のたわみ**
>
> 次の片持ち梁の自由端 B における曲げモーメントによるたわみ（鉛直変位）を，仮想仕事法により求めなさい。
>
> ただし，EI の値は $1.00 \times 10^5\,\mathrm{kNm^2}$ とする。
>
> 図 6.15　片持ち梁のたわみ

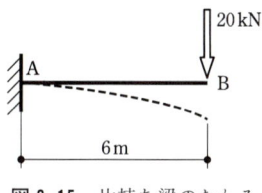

【解答例 1】

ここでは，(6.11) 式を用いて積分計算により求める。

まず，実際の外力による曲げモーメントを求める。

$$M_0 = -20x \quad (図 6.16(a))$$

次に，たわみを知りたい点（B 点）に仮想の外力を作用させる。この問題では，たわみ（鉛直変位）を知りたいので，仮想外力としては大きさ 1 の集中荷重を作用させる。そのときの曲げモーメントは，

$$M_1 = -1x = -x \quad (図 6.16(b))$$

したがって，B 点のたわみは，(6.11) 式より，

$$\begin{aligned}
\delta_B &= \int \frac{M_1 \cdot M_0}{EI} dx \\
&= \frac{1}{EI} \int_0^6 (-x) \cdot (-20x)\, dx \\
&= \frac{1}{EI} \int_0^6 20x^2\, dx \\
&= \frac{1}{1.00 \times 10^5} \times 20 \times \frac{6^3}{3} \\
&= 0.0144\,\mathrm{m} \quad \rightarrow \quad \underline{14.4\,\mathrm{mm}}
\end{aligned}$$

● 例題 2, 3 を参照。本来 3.1.2 と同様に反力・応力計算を行うのが望ましいが，ここでは図 6.15 から直接 M を求めた。

● 積分区間は梁全体とする。

● p.188 付録 [4] 8. 定積分参照。
● 単位に注意しよう。

● 座標軸の設定を明確にする。

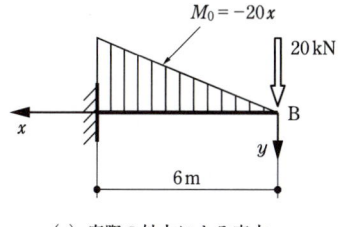

(a) 実際の外力による応力　　(b) 仮想外力による応力

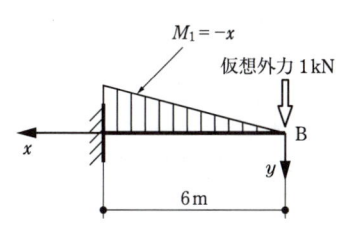

図 6.16　仮想仕事法

【解答例 2】

ここでは，(6.11) 式中の積分計算を体積計算に置き換えて計算を行う。M_0 と M_1 を求めるところまでは，解答例 1 と全く同じであるので省略する。

● M_0 と M_1 が直線となる場合は容易に計算できる。

次に，図 6.17 のように，実際の曲げモーメント M_0 と仮想外力による曲げモーメント M_1 および材軸方向の x を座標軸としたグラフを描く。

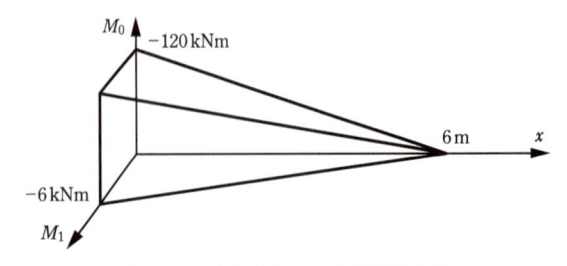

図 6.17 体積計算による仮想仕事法

この立体の体積を計算すると，(6.11) 式の積分部分の値となるので，それを EI で除すと，たわみが求まる。これは四角錐であるので，次のようになる。

● p.188 付録③「体積を求める公式」参照

$$\delta_B = \int \frac{M_1 \cdot M_0}{EI} dx$$

$$= \frac{120 \times 6 \times 6}{3} \times \frac{1}{EI}$$

$$= \frac{1440}{1.00 \times 10^5}$$

$$= 0.0144 \text{ m} \rightarrow \underline{14.4 \text{ mm}}$$

補足説明

例題 4 で，B 点のたわみ角を求める場合は，図 6.18 のように B 点に大きさ 1 のモーメント荷重を作用させる。

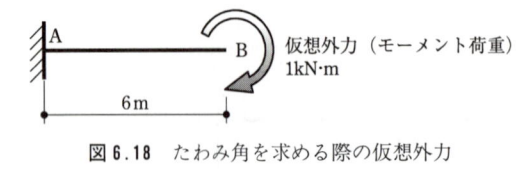

図 6.18 たわみ角を求める際の仮想外力

> **例題 5** 単純梁のたわみ
>
> 次の単純梁の中央 B における曲げモーメントによるたわみ（鉛直変位）を，仮想仕事法により求めなさい。
>
> ただし，EI の値は $1.00 \times 10^5 \, \text{kNm}^2$ とする。 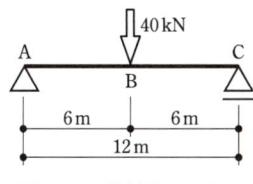
>
> **図 6.19** 単純梁のたわみ

【解答例 1】

ここでは，(6.11) 式を用いて積分計算により求める。まず，実荷重による曲げモーメントを求める。

Step 1 支点反力の仮定

図 6.20 のように，支点反力の仮定を図示する。

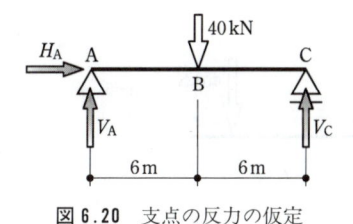

図 6.20 支点の反力の仮定 　　＋の方向

●p. 68 3.2.1 節と同じ手順で解く。

Step 2 つり合い条件の適用

$\Sigma X = 0 : H_A = 0$　　…①

$\Sigma Y = 0 : V_A + V_C - 40 = 0$　　…②

$\Sigma_A M = 0 : -V_C \times 12 + 40 \times 6 = 0$　　…③

Step 3 反力計算（①，②，③を解く）

③から，$V_C = 20$

これを②に代入して，$V_A = 20$

よって，$H_A = 0 \, \text{kN}$，$V_C = 20 \, \text{kN}$，$V_A = 20 \, \text{kN}$

Step 4 つり合い系の作図

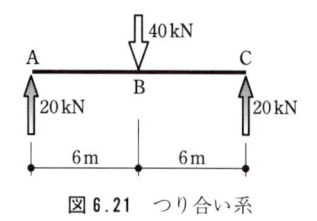

図 6.21 つり合い系

Step 5 区間ごとの応力を求める。

A−B 間，B−C 間ともに A 点から右に x 離れた点 X の応力を，その左側の力を使って求める。

区　　間	A−B 間	B−C 間
M（曲げモーメント）	$20x$	$20x-40(x-6)$ $=-20x+240$
Q（せん断力）	20	$20-40=-20$

A 点（A−B 間：$x=0$）　$M_{AB}=20\times 0=0$ kNm
B 点（A−B 間：$x=6$）　$M_{BA}=20\times 6=120$ kNm
C 点（B−C 間：$x=12$）　$M_{CB}=-20\times 12+240=0$ kNm

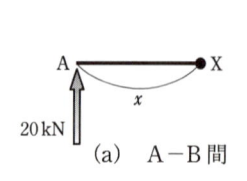

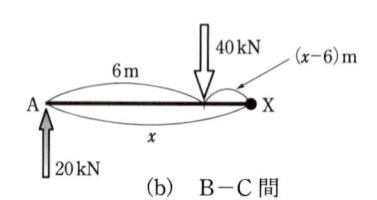

(a)　A−B 間　　　　(b)　B−C 間

図 6.22　応力計算

図 6.23 より，A-B 間の曲げモーメントは部材の下に描く。

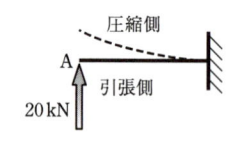

図 6.23　A−B 間の変形図

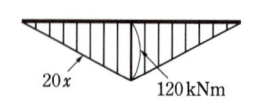

図 6.24　実荷重による曲げモーメント（M_0）図

次に，梁中央のB点のたわみ（鉛直変位）を求めるので，B点に下向きに1kNの大きさの集中荷重を仮想荷重として作用させた場合（図6.25）の曲げモーメントを求める。

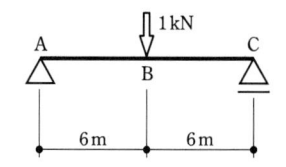

図 6.25 仮想荷重を与える位置

これは図6.18と同じ梁に，1/40の大きさの荷重が作用している状態なので，応力も1/40の大きさとなり，曲げモーメントは図6.26となる。

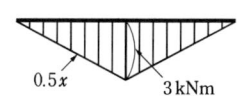

図 6.26 仮想荷重による曲げモーメント図（M_1）

● p.68 3・2・1節と同じ手順で解いてもよい。

以上を（6.11）式に代入すると，積分区間は $x=0 \sim x=12$ なので

$$\delta_B = \int \frac{M_1 \cdot M_0}{EI} dx = \frac{2}{EI} \int_0^6 20x \cdot 0.5x\, dx$$

$$= \frac{2}{EI} \int_0^6 10x^2 dx$$

$$= \frac{2}{1.00 \times 10^5} \times 10 \times \frac{6^3}{3}$$

$$= 0.0144 \text{ m} \quad \rightarrow \quad \underline{14.4 \text{ mm}}$$

● B点で左右対称なので，A-B間の積分を2倍する。

【解答例 2】

ここでは，(6.11) 式中の積分計算を，体積計算に置き換えて計算を行う。M_0 と M_1 を求めるところまでは，解答例 1 と全く同じであるので省略する。

次に，図 6.27 のように，実際の曲げモーメント M_0 と仮想外力による曲げモーメント M_1 および材軸方向の x を座標軸としたグラフを描く。

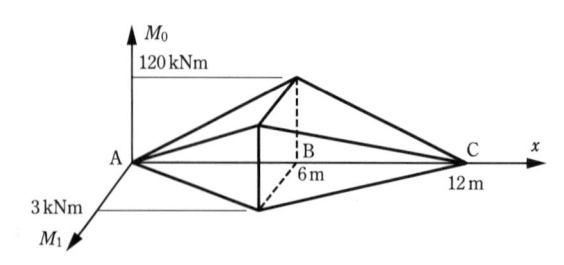

図 6.27 体積計算による仮想仕事法

M_0 と M_1 ともに B 点で曲げモーメント図が左右対称なので，上図のように，左右にある四角錘は同じ形状となることから，片側の四角錘の体積を求めて 2 倍することとする。

$$\delta_B = \int \frac{M_1 \cdot M_0}{EI} dx$$
$$= \frac{2}{EI} \cdot \frac{120 \times 3 \times 6}{3}$$
$$= \frac{1440}{1.00 \times 10^5}$$
$$= 0.0144 \text{ m} \rightarrow \underline{14.4 \text{ mm}}$$

● 例題 4 と 5 の答えは同じである。
片持ち梁の長さの 2 倍の長さの単純梁に 2 倍の荷重を作用させたときのたわみは同じになることが分かる。

● p. 188 付録 3 「体積を求める公式」参照。

第7章 部材設計

7・1　許容応力度設計

　許容応力度設計は，安全性を検討する種々の設計法がある中で一番基本的な設計法である。

　想定する固定荷重（建物の自重），積載荷重（積載物の重さ），地震荷重，積雪荷重，風荷重などの種々の荷重が作用することにより発生する部材応力を求め，そのときの**応力度が限界値（許容応力度）以内であることを確認することにより安全性を検討する方法**である（図1.5）。

　この設計法は，部材に生じている応力度を弾性範囲以内に留めることから，**弾性設計法**とも呼ばれている。

　本章では，部材に対する許容応力度設計について，3章の方法で応力，4章と5章の方法で応力度，6章から変形（たわみ）をそれぞれ求め，その結果を使って，応力度やたわみの検定を行う方法を概説する。

　許容応力度設計における応力度やたわみに関する検定式は，次の式で表される。

$$\sigma \leqq f \quad \cdots (7.1)$$

　　σ：想定した荷重によって発生する**応力から求めた応力度**
　　f：**許容応力度**

　f は材料の**基準強度 F** 等に基づき，応力の種類や荷重の種類などにより定められる。

　許容応力度の算出方法は本書の範囲外であるので，建築基準法および関連法令のほか，日本建築学会の各種規準などを参照されたい。

　さらに，梁や床などの曲げ材については，建物の使用上の支障が起こらないことを確かめる方法として，次のたわみの検定式のように，梁材に対して想定する荷重による曲げから生じるたわみを求め，その値がその限界値（たわみの限度）を超えないことを確認することも併せて行われる。

$$\delta \leqq L/250 \quad \cdots (7.2)$$

　　δ：**たわみの最大値**（クリープを考慮した変形増大係数を乗じる）
　　L：梁部材の長さ

● 許容反力度設計の流れは，1章p.5の図1.5を参照。

● 応力度やたわみを許容応力度やたわみの限度と比較することを「検定」という。

● クリープ：常時作用している荷重に対して，時間経過により変形が増大する現象で，例えばその係数は鉄骨造で1，鉄筋コンクリート造梁で8としている。

7・2 引張軸力に対する設計

引張軸力が生じている部材（引張材）の検定は，次の式を用いる。

$$\sigma_t \leqq f_t \quad \cdots (7.3)$$

　σ_t：部材に生じる引張応力度
　f_t：部材の材料から決まる許容引張応力度

この式を満たすと，応力度 σ_t が許容応力度 f_t 以下となり，応力度の観点から安全であるといえる。

この式を満たさない場合は，応力度 σ_t が許容応力度 f_t を超えることになり，安全でないことになる。引張荷重を減らしたり，材料を高強度のものに変えるなど，許容応力度を大きくすることができない場合には，断面積を増やすことで対処する。

> **例題 1** 引張材の検定
>
> 次の断面の片持ち梁に，60 kN の大きさの引張荷重が作用する場合の安全性を，許容応力度設計により検討しなさい。
>
> 梁材の材料の許容引張応力度 f_t は 15 N/mm² とする。
>
> (a) 片持ち梁に引張荷重　　(b) 部材断面
>
> **図 7.1** 引張材の検定

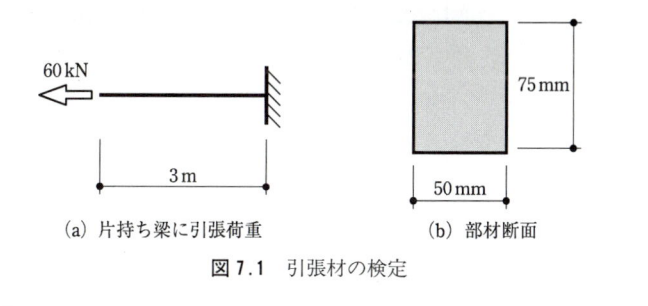

● 自重は無視するものとした。

【解答例】

この部材の軸力 N_t は，引張（＋）であり，
　$N_t = 60 \text{ kN}\ (=60 \times 10^3 \text{ N})$
この部材の断面積 A は，
　$A = 75 \times 50 = 3750 \text{ mm}^2$
引張応力度 σ_t は
　$\sigma_t = N_t/A = 60 \times 10^3/3750 = 16 \text{ N/mm}^2$
検定式は
　$\sigma_t = 16 > f_t = 15 \text{ N/mm}^2$
引張応力度 σ_t が許容引張応力度 f_t を超えているので，この断面は安全ではない。

● 単位換算に注意
1 kN＝1000 N

● この例題は引張材であり，曲げ変形しないので，たわみの検定は不要である。曲げ変形が生じる場合は，たわみの検定も必要となる。

7・3 曲げモーメントに対する設計

曲げモーメントが生じている部材の検定は，次の式を用いる。

$$\sigma_b \leq f_b \quad \cdots(7.4)$$

σ_b：**部材に生じる縁応力度**

f_b：**部材の材料等から決まる許容曲げ応力度**

曲げ材を同じ材料で全長にわたって同じ断面で構成する場合，その部材に生じる曲げモーメントの最大値で検定すればよい。

●縁応力度：p.121
4・4 節参照。

例題 2　曲げ材の検定

次の断面の片持ち梁に 60 kN の大きさの集中荷重が作用する場合の安全性を，許容応力度設計により検討しなさい。

梁材の材料の許容曲げ応力度 f_t は 200 N/mm² とする。また，材料の変形増大率は 1，ヤング係数 E は 1.5×10^5 N/mm² とする。

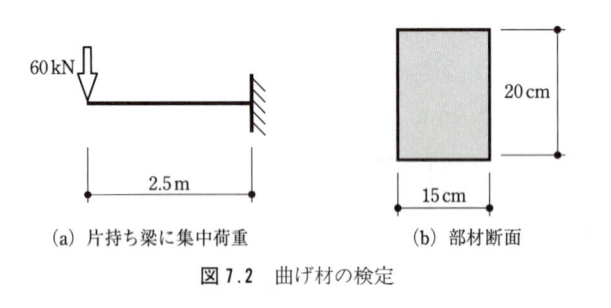

(a) 片持ち梁に集中荷重　　(b) 部材断面

図 7.2　曲げ材の検定

●例題の材料は仮想のもので，実際のものではない。

●(b) の部材断面の図心を通る水平軸周りに曲げモーメントが働くとする。

【解答例】

まず，部材に生じる最大の曲げモーメントを 3 章の手順で求める。

●3.1.2 参照（p.46）

Step 1　支点反力の仮定

図 7.3 のように支点反力の仮定を図示する。

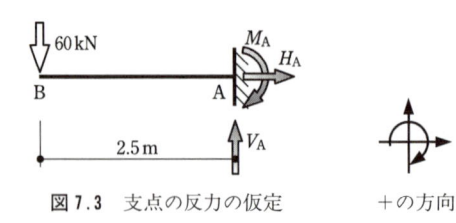

図 7.3　支点の反力の仮定　　＋の方向

Step 2 つり合い条件の適用

$\Sigma X = 0 : H_A = 0$

$\Sigma Y = 0 : -60 + V_A = 0$

$\Sigma_A M = 0 : -60 \times 2.5 + M_A = 0$

Step 3 反力計算

つり合い条件式を解くと，次のようになる。

$H_A = 0$ kN, $V_A = 60$ kN, $M_A = 150$ kNm

Step 4 つり合い系の作図

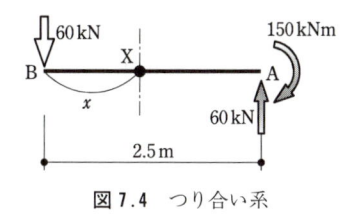

図 7.4 つり合い系

Step 5 区間ごとの応力を求める。

B 点を基準に，B 点から右側に x 離れた点の応力を求めて（図 7.4），表にする。

区　　間	B–A 間
M（曲げモーメント）	$-60x$
Q（せん断力）	-60

A 点（$x = 2.5$ m），$M_{AB} = -60 \times 2.5 = -150$ kNm

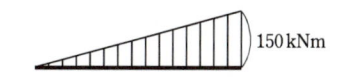

図 7.5 曲げモーメント図 (B.M.D.)

したがって，部材に生じる最大の曲げモーメント M_{max} は A 点位置であり，

$M_{max} = 150$ kNm → 150×10^6 Nmm

次に，必要な断面定数を4章の方法で求め，断面に生じる縁応力度を求める。部材の断面が長方形であるので，その断面二次モーメント I は

$$I = \frac{15 \times 20^3}{12} = 1.000 \times 10^4 \text{ cm}^4$$

断面係数 Z は

$$Z = \frac{I}{20/2} = \frac{1.000 \times 10^4}{10} = 1.000 \times 10^3 \text{ cm}^3 \quad \rightarrow \quad 1.000 \times 10^6 \text{ mm}^3$$

部材に生じる縁応力度 σ_b は

$$\sigma_b = \frac{M_{max}}{Z} = \frac{150 \times 10^6}{1.000 \times 10^6} = 150 \text{ N/mm}^2$$

●検定の際は，曲げモーメントは絶対値と考えてよい。

●4・3 断面二次モーメント参照 (p. 115)

●4・4 断面係数参照 (p. 121)

最後に，曲げ材の検定式を適用する。

$\sigma_b = 150 \leq f_b = 200 \text{ N/mm}^2$

さらに，自由端のたわみが最大となるので，

$\delta = \dfrac{PL^3}{3EI} = \dfrac{60 \times 10^3 \times (2.5 \times 10^3)^3}{3 \times 1.5 \times 10^5 \times 1.000 \times 10^4 \times 10^4} = \dfrac{937.5 \times 10^{12}}{4.5 \times 10^{13}} = 20.83 \text{ mm}$

●たわみの公式は，表6.1参照（p.135）

たわみの検定式は

$\delta = 20.83 \text{ mm} > \dfrac{L}{250} = \dfrac{2.5 \times 10^3}{250} = 10 \text{ mm}$

以上より，縁応力度 σ_b は許容曲げ応力度 f_b 以下だが，たわみはたわみの限度を超えている。この断面は，応力度からは安全だが，変形については使用上の支障が起こる可能性がある。

解説 たわみの公式をみると分かるように，たわみを限度以下にするためには，次のような対応が考えられる。これらのうち，(4)が容易に対応可能と考えられる。

（1）荷重を小さくする。
（2）梁長さを短くする。
（3）ヤング係数を大きくする。
（4）断面二次モーメントを大きくする。
（5）梁の支持条件を変える（片持ち梁から単純梁へ変える等）。

7・4 せん断力に対する設計

せん断力は部材に曲げモーメントが生じ，その値が材長方向に変化する場合に発生する。そのため，せん断力の検定は，曲げ材の検定に加えて行われる。

せん断力が生じている部材の検定は，次の式を用いる。

$$\tau \leqq f_s \quad \cdots(7.5)$$

　τ：部材に生じるせん断応力度
　f_s：部材の材料から決まる許容せん断応力度

> **例題 3**　**せん断応力度の検定**
>
> p.152 の例題 2 と同じ条件の片持ち梁について，せん断力に関する検定を行いなさい。部材に使用する材料の許容せん断応力度は，115 N/mm² とする。

●例題ではせん断力の符号は問わないので，以下絶対値で示す。

【解答例】

部材に生じるせん断力 Q は，例題 2 の解答例より，$Q = -60$ kN である。

部材に生じる最大のせん断応力度 τ_{max} は，p.130 の (5.9) 式より，長方形断面の最大せん断応力度用の形状係数 κ が 1.5 であるので，

$$\tau_{max} = \kappa \cdot \frac{Q}{A} = 1.5 \times \frac{60 \times 10^3}{15 \times 20 \times 10^2} = 3.00 \text{ N/mm}^2$$

せん断応力度の検定は，

$$\tau_{max} = 3.00 \text{ N/mm}^2 \leqq f_s = 115 \text{ N/mm}^2$$

したがって，この部材はせん断力に関して安全である。

●せん断力の大きさは，通常絶対値で検定してよい。
●最大せん断応力度用の形状係数は表 5.1 参照（p.130）。

7・5　圧縮力（座屈）に対する設計

圧縮軸力が生じている部材の検定は，次の式を用いる。

$\sigma_c \leq f_c$ …(7.6)

σ_c：部材に生じる圧縮応力度
f_c：部材の材料と部材の断面，長さやその端部の拘束条件から決まる許容圧縮応力度

許容圧縮応力度は，許容引張応力度と異なり，部材が細長い（長柱という）場合，「座屈」という現象を考慮しなければならない。

ここで，細いまっすぐな部材を徐々に圧縮する場合を考えてみよう。圧縮力が小さいうちは，まっすぐなまま縮むだけである。

しかし，ある荷重を超えると，軸方向の力のみ掛けられているにもかかわらず，突然，図7.6のように横方向にはらみ出す変形が生じる。

これを**座屈**といい，不安定現象の一つである。降伏の有無にかかわらず生じることから，圧縮力が作用する細長い部材の設計において検討しないといけない現象である。

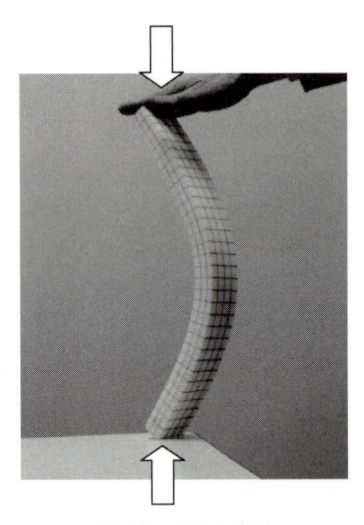

図7.6 長柱の座屈

部材が弾性範囲で起こる座屈を**弾性座屈**（または最初に理論的に研究した人の名前をとって**オイラー座屈**ともいう）といい，次の式で座屈荷重が表される。

$P_{cr} = \dfrac{\pi^2 EI}{L^2}$ …(7.7)

つまり，弾性座屈荷重は，材料の**ヤング係数 E と部材の断面二次モーメント I に比例**し，**部材の長さ L の2乗に反比例**する。

● 「座屈」は曲げ座屈ともいう。

● π は円周率で $\pi=3.14$ としてよい。

● 式（7.7）は，次ページ表7.1の（a）の状態のものである。

7・5 圧縮力（座屈）に対する設計

　さらに，この座屈荷重は，部材の端部の支持条件の影響を受け，表7.1のように端部の支持条件に応じて，(7.7)式の部材の長さの代わりに部材長さ L に部材長さ係数 γ を乗じた**座屈長さ L_k** を用いる。

表 7.1　座屈長さ L_k　（$L_k = \gamma \cdot L$）

移動に対する条件	拘束（横移動しない）			自由（横移動する）	
材端移動の支持条件	(a) 両端ピン	(b) 一端ピン他端固定	(c) 両端固定	(d) 一端ピン他端固定	(e) 両端固定
座屈形	$L=L_k$	L_k	L_k	L_k	L_k
座屈長さ係数 γ	1.0	0.7	0.5	2.0	1.0

　これを応力度表示すると，P_{cr} を断面積で除して，次の式となる。

$$\sigma_{cr} = \frac{\pi^2 E}{\lambda^2} \quad \cdots (7.8)$$

ここで，**λ は細長比**であり，次の式のように**座屈長さ L_k** を断面二次半径 i で除したものである。

$$\lambda = L_k / i \quad \cdots (7.9)$$

　つまり，弾性座屈応力度 σ_{cr} は，素材の降伏応力度によらず，**ヤング係数に比例し，細長比の 2 乗に反比例**する。

　なお，弾性範囲を超えた座屈（非弾性座屈）については，本書の範囲を超えるため，他書に譲ることとする。

●断面二次半径 i は 4.5.1 参照（p.123）

158　第 7 章　部材設計

> **例題 4**　圧縮材の弾性座屈応力度の計算
>
> 次の断面の梁に，60 kN の大きさの圧縮荷重が作用する場合，この部材に弾性座屈が生じるかどうか，(7.8) 式を用いて検討しなさい。部材の材料のヤング係数は，205000 N/mm² とする。
>
> (a) 圧縮荷重　　　　(b) 部材断面
>
> 図 7.7　弾性座屈応力度の計算

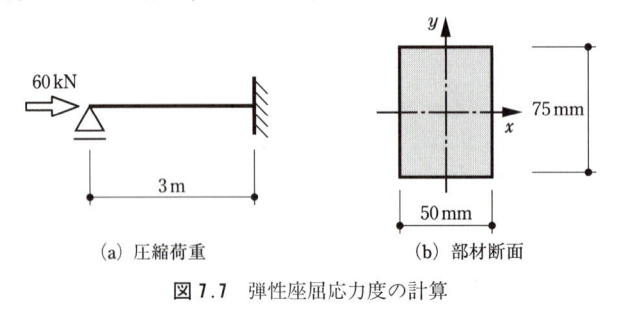

【解答例】

部材に発生する圧縮軸力は

$$N_c = 60 \text{ kN}$$

部材に生じている圧縮応力度は

$$\sigma_c = \frac{N_c}{A} = \frac{60 \times 10^3}{50 \times 75} = 16 \text{ N/mm}^2$$

次に，座屈応力度を求める。

最初に座屈が生じるのは，断面二次モーメントの小さい軸周りで生じ，長方形断面の場合は，弱軸（y 軸）周りが座屈軸となる。

y 軸周りの断面二次モーメント I_y は

$$I_y = \frac{75 \times 50^3}{12} = 7.812 \times 10^5 \text{mm}^4$$

断面二次半径 i_y は

$$i_y = \sqrt{\frac{I_y}{A}} = \sqrt{\frac{7.812 \times 10^5}{50 \times 75}} = 14.43 \text{ mm}$$

座屈長さ L_k は，一端ピン，他端固定で横移動がないので，表 7.1 より座屈長さ係数は 0.7 となり，

$$L_k = 0.7L = 0.7 \times 3 \times 10^3 = 2100 \text{ mm}$$

細長比 λ は

$$\lambda = 2100/14.43 = 145.5$$

弾性座屈応力度 σ_{cr} は

$$\sigma_{cr} = \pi^2 E/\lambda^2 = \pi^2 \times 205000/145.5^2 = 95.47 \text{ N/mm}^2$$

したがって，

$$\sigma_c = 16 \text{ N/mm}^2 \leq \sigma_{cr} = 95.4 \text{ N/mm}^2$$

応力度が弾性座屈応力度以下であるので，弾性座屈は生じない。

●圧縮軸力は，絶対値で検定してよい。

●許容応力度の値は，安全を考慮し，切り捨てる。

第8章
不静定ラーメンの解法

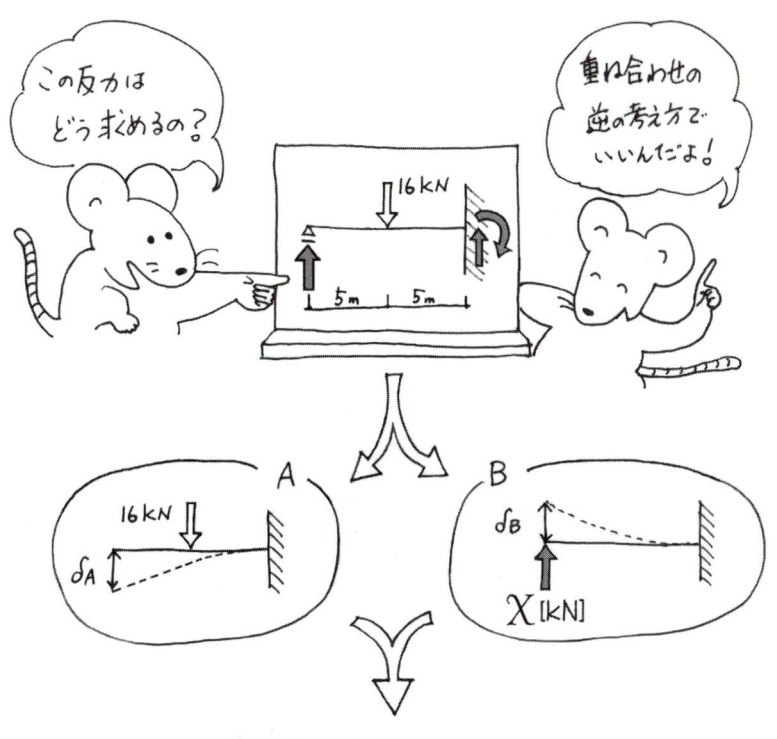

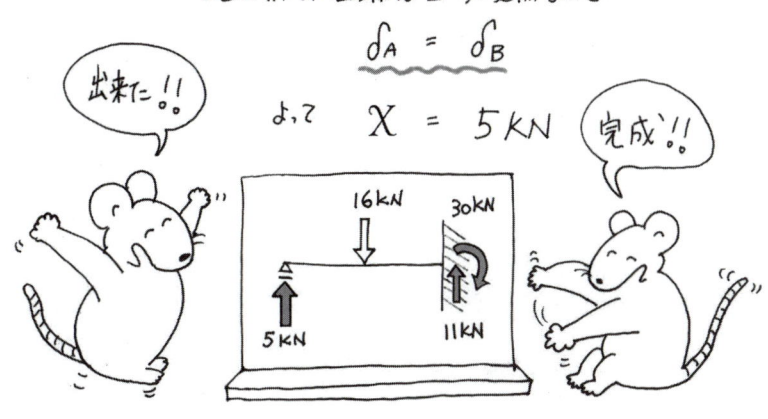

第8章 不静定ラーメンの解法

3章で対象とした構造物は，自重や外部からの荷重に抵抗し，容易に変形しない安定構造物であり，つり合い条件だけで反力および応力を求めることができた。このような構造物を**静定構造物**という。

●3章

安定構造物にはこのほかに，つり合い条件だけでは反力や応力を求めることができず，変形なども合わせて考慮しないと応力などが求まらないものがある。これを**不静定構造物**という。

本章では，まず，そうした種々の構造物の判別方法について述べる。

次に，つり合い条件だけでは反力や応力が求められない不静定構造物の，反力や応力を求める方法について説明する。

その方法には，**仮想仕事法**，**たわみ角法**，**固定法**，**剛性マトリックス法**などがあり，それぞれ，次のような特徴がある。

表 8.1 不静定ラーメンの解法の特徴

解　　法	特　　徴
仮想仕事法	・曲げ変形のほか，せん断変形や軸変形も考慮可能 ・応力法（未知数が応力） ・不静定次数が高い場合には，計算が煩雑となる
たわみ角法	・直線部材で，曲げ変形だけの場合容易 ・変位法（未知数が変位） ・連立方程式を解かなければならない
固定法	・連続梁や整形の骨組の場合に容易 ・表形式の記述で，手計算に向く ・一般的な構造計算で，鉛直荷重時応力を手計算で解く際に利用される ・繰り返し計算による近似解法
剛性マトリックス法	・コンピュータ利用を前提 ・立体骨組にも適用可能 ・変位法 ・一般的な構造計算に利用されている ・逆マトリックスを解くので手計算には不向き

なお，本章の内容について，より詳しく知りたい場合は，他書，例えば二見秀雄著の「構造力学　改訂版」（市ヶ谷出版社）などを参照されたい。

8・1 安定・不安定，静定・不静定の判別

構造物が安定構造物であるかどうか，安定構造物の場合，静定構造物であるか不静定構造物であるかどうかを判別するために，次の判別式を用いる方法がある。

$$判別式：m = s + r + n - 2k \quad \begin{cases} >0 & 不静定 \\ =0 & 静定 \\ <0 & 不安定 \end{cases} \Bigr\} 安定 \quad \cdots(8.1)$$

s：部材数
r：剛接数（$=\Sigma$（剛接のある節点における剛接部材の数-1））
n：反力数（ローラー端：1，ピン端：2，固定端：3）
k：節点数（部材端の数で，支点や自由端も1と数える）

この判別式の値 m は，p.163 の「参考 判別式の原理」に記述したとおり，反力や応力を求める際の**未知数の数から，つり合い条件による方程式の数を差し引いた値**であり，$m<0$ のとき不安定，$m=0$ のとき安定・静定，$m>0$ のとき安定・不静定となる。不静定のときの m の値を**不静定次数**という。

このように，m が大きいほど安定している構造物であることから，この m は**安定度の高さを表す**と考えてよい。

この判別式で注意する点として，これは必要条件であり，例外があることである。

例えば，判別式の値 m が0以上であっても，骨組の変形を考えると不安定構造になる場合がある。そのような例を図8.1に示す。

(a) $m=0$ で，判別式では安定・静定であるが，骨組の形状が変形してしまうので不安定である（内的不安定）。
(b) 構造物の支持地盤に対して構造物が移動してしまうので不安定である（外的不安定）。

●1・4節 構造物の分類

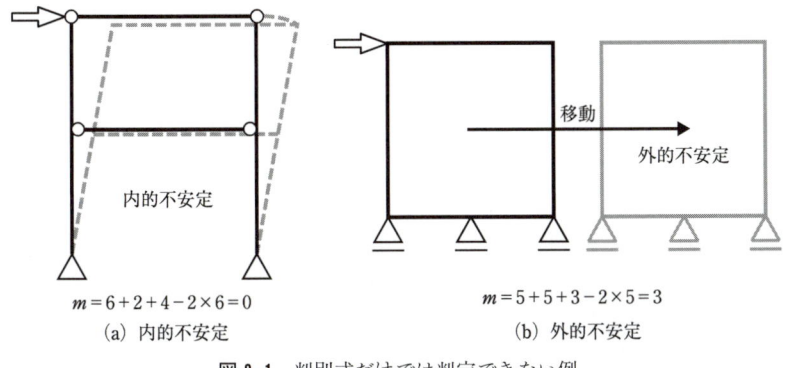

$m = 6 + 2 + 4 - 2 \times 6 = 0$
(a) 内的不安定

$m = 5 + 5 + 3 - 2 \times 5 = 3$
(b) 外的不安定

図 8.1 判別式だけでは判定できない例

例題 1

次に示す構造物の安定・不安定，安定であれば静定・不静定を判別し，不静定の場合は不静定次数を示せ。

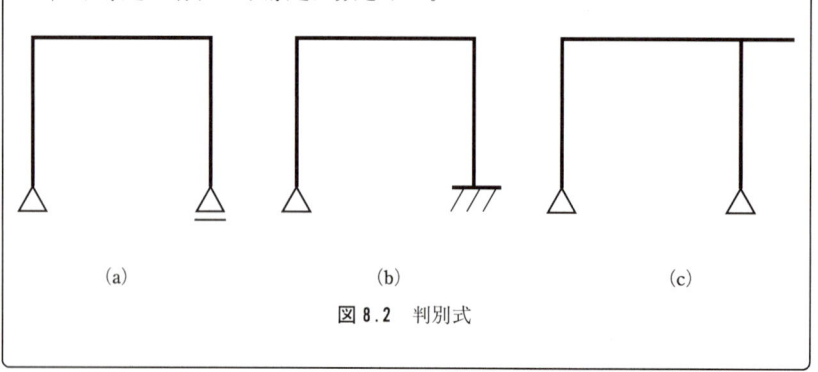

図 8.2　判別式

【解答例】

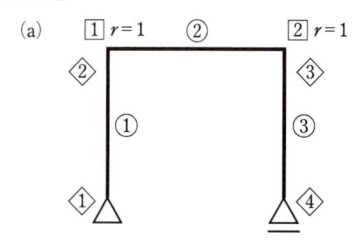

(a) 　部材①〜③：$s=3$
　　剛接数 1〜2：$r=2$
　　反力数 $n=2+1=3$
　　節点数①〜④：$k=4$
　　$m=3+2+3-2\times 4=0$
　　よって，安定，静定

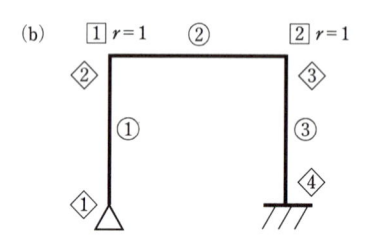

(b) 　部材①〜③：$s=3$
　　剛接数 1〜2：$r=2$
　　反力数 $n=2+3=5$
　　節点数①〜④：$k=4$
　　$m=3+2+5-2\times 4=2$
　　よって，安定，二次不静定

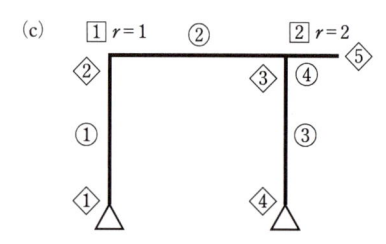

(c) 　部材①〜④：$s=4$
　　剛接数 1〜2：$r=3$
　　反力数 $n=2+2=4$
　　節点数①〜⑤：$k=5$
　　$m=4+3+4-2\times 10=1$
　　よって，安定，一次不静定

参考　判別式の原理

判別式の値は，**反力や応力を求める際の未知数の数**から，**つり合い条件による方程式の数を差し引いた値**として定義されている。未知数と方程式の数が同じであれば，つり合い条件だけで反力や応力が求まり，静定構造物とみなせる。

以下に判別式を導く。

構造物全体の部材数を s，節点数を k，剛接のある節点数を k''，剛接数（$=\Sigma$（剛接のある節点における剛接部材の数-1））を r とする。

未知数としては，部材ごとの材端力（材端モーメントを除く）の数（図 8.3(a)）は 4，剛接のある節点における部材端モーメントの数（図 8.2(b)）を k'，反力数（図 8.3(c)）を n とすると，構造物全体の未知数は，次のようになる。

$$4s+\sum_{k''} k'+n \quad \cdots(8.2)$$

なお，剛接のある節点における部材端モーメントの数は，剛接のある節点における剛接部材数と同じである。

方程式の数としては，部材ごとのつり合い条件式は 3，節点ごとのつり合い条件式（曲げモーメントを除く）は 2，剛接のある節点ごとの曲げモーメントのつり合い条件式は 1 であるので，構造物全体の方程式の数は，次のようになる。

$$3s+2k+\sum_{k''} 1 \quad \cdots(8.3)$$

したがって，判別式は（8.2）式から（8.3）式を差し引いて，次のように（8.1）式が導かれる。

$$\begin{aligned}
\text{判別式 } m &= \text{未知数} - \text{方程式の数} \\
&= \left(4s+\sum_{k''} k'+n\right) - \left(3s+2k+\sum_{k''} 1\right) \\
&= s+\sum_{k''}(k'-1)+n-2k \\
&= s+r+n-2k
\end{aligned}$$

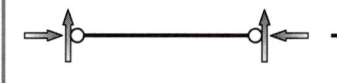

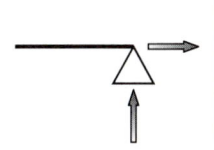

(a) 部材の材端力数（部材端モーメントを除く）　(b) 剛接のある節点における部材端モーメントの数　(c) 反力数

図 8.3 部材端，支点における未知の力

8・2 仮想仕事法

不静定骨組の一般解法（Maxwell-Mohr の方法）といわれる方法で，応力を未知数とする応力法の一つである。

不静定構造物の不静定次数は，前節の (8.1) 式のように，つり合い条件の数より多く存在する反力や応力の数である。対象とする不静定構造物（ここでは，これを**原形**という）から，この不静定次数の数だけ反力や応力を解除すると静定構造物となる。これを**不静定構造物の基本形**といい，解除した反力や応力を**不静定力**（剰余力ともいう）という。

この基本形に対し，外力および不静定力によって変形する状態を，仮想仕事法を用いてそれぞれ計算する。それらの変形を足し合わせたものが原形の変形となる（変形の適合条件）。この変形の適合条件から不静定構造物の反力・応力を求める。

この解法の手順を不静定次数が2の場合を例にあげ，次に示す。

● (8.1) 式 (p.161)

Step 1 原形の不静定次数 n を計算する（$n=2$ として以下記述する）。

Step 2 不静定次数と同じ数の2個の反力を不静定力として解除した基本形（静定構造物）を作る。

Step 3 基本形に実際の荷重を作用させた状態【0】の曲げモーメント図をつくる。

Step 4 基本形に不静定力 X_1 と X_2 をそれぞれ作用させた状態【1】，【2】の曲げモーメント図をつくる。

Step 5 不静定力に対応した変形を【0】〜【2】ごとに仮想仕事法を用いて求める（δ_{10}, $\delta_{11}X_1$, $\delta_{12}X_2$ および δ_{20}, $\delta_{21}X_1$, $\delta_{22}X_2$ を計算する）。

Step 6 不静定力を解除した節点の変形 δ_1, δ_2 の適合条件を適用する。
$$\begin{cases} \delta_1 = \delta_{10} + \delta_{11}X_1 + \delta_{12}X_2 = 0 \\ \delta_2 = \delta_{20} + \delta_{21}X_1 + \delta_{22}X_2 = 0 \end{cases}$$

Step 7 上式を解いて，不静定力 X_1 と X_2 を求める。

Step 8 【0】の応力＋【1】の応力の X_1 倍＋【2】の応力の X_2 倍として，原形の応力を求める。

図 8.4 仮想仕事法の計算の流れ

●不静定力に対応した変形
・不静定力→：水平変位 δ
・不静定力↑：鉛直変位 δ
・不静定力⤴：たわみ角 θ

●仮想仕事法による変形計算は 6・4 節参照（p.142）。
変形 δ（または θ）の添字：
δ_{10}
　↑　↖構造物状態
　　　　【0】, 【1】
　↖不静定力に対応した変形の種類（位置・方向）

例題2 仮想仕事法

次の構造物の曲げモーメント図とせん断力図を求めなさい。ただし，EI は一定とする。

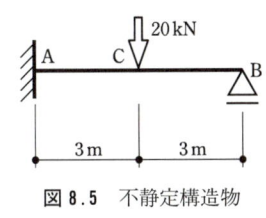

図 8.5 不静定構造物

【解答例】

Step 1

この構造物の安定・不安定，静定・不静定を判別する。

$$m = 1 + 0 + 4 - 2 \times 2 = 1$$

変形を考え不安定にならないので，安定，一次不静定である。したがって，反力を一つ解除して静定構造物にすることができる。

Step 2

B 点における反力を1つ解除した構造物を基本形とする。

● 不静定次数の数だけ不静定力を設定する。したがって，不静定次数の数が未知数の数となる。

Step 3

この基本形に実際の荷重が作用しているものを状態【0】とする（図8.6）。

Step 4

不静定力 X_1 を作用させたものを状態【1】とする（図8.7）。

図8.6，図8.7 中にたわみ曲線を破線で示すとともに，曲げモーメント図も細線で重ねて示す。

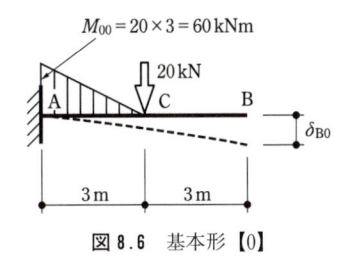

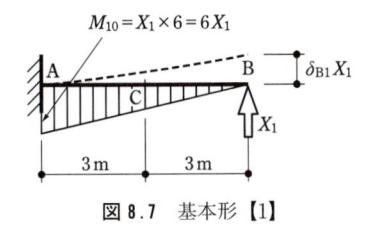

$M_{00} = 20 \times 3 = 60\,\mathrm{kNm}$

図 8.6 基本形【0】

$M_{10} = X_1 \times 6 = 6X_1$

図 8.7 基本形【1】

● この例題は一次不静定の例であるが，二次以上でも同様の手法で解くことができる。

● 曲げモーメントの添字：

M_{10}
　↑↖実際の応力 0
　└構造物の状態
　　【0】【1】

M_1 ←仮想の応力 1

Step 5

基本形【0】における B 点のたわみ δ_{B0} と基本形【1】における B 点のたわみ $\delta_{B1}X_1$ を求める。

これらは，変形計算に対する仮想仕事法を用いた解法を適用する。

元の構造物（図 8.5）の B 点のたわみを δ_B とすると，

$$\delta_B = \delta_{B0} + \delta_{B1}X_1 = 0 \qquad \cdots(8.4)$$

B 点のたわみを求めたいので，基本形に対して，B 点に単位の大きさの仮想荷重を与える（図 8.8）。

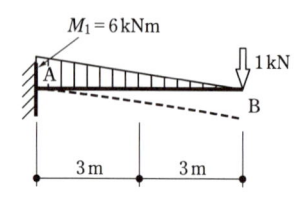

● 仮想仕事法による変形計算は 6・4 節参照（p.142）

図 8.8 基本形に仮想荷重を作用させたときの曲げモーメント図

● 変形を知りたい位置に，変形の種類に応じた単位の大きさの荷重を与える。

したがって，基本形【0】における B 点のたわみ δ_{B0} と基本形【1】における B 点のたわみ δ_{B1} は，図 8.9 と図 8.10 を参照して，

$$\delta_{B0} = \int_0^6 \frac{M_1 M_{00}}{EI} dx = \frac{1}{EI}\left[\left(60 \times 3 \times 3 \times \frac{1}{2}\right) + \left(60 \times 3 \times 3 \times \frac{1}{3}\right)\right]$$

$$= \frac{270 + 180}{EI} = \frac{450}{EI}$$

$$\delta_{B1}X_1 = \int_0^6 \frac{M_1 M_{10}}{EI} dx = -\frac{1}{EI} \times 6X_1 \times 6 \times 6 \times \frac{1}{3} = -\frac{72}{EI}X_1$$

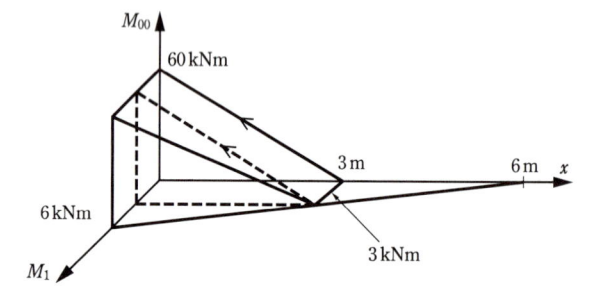

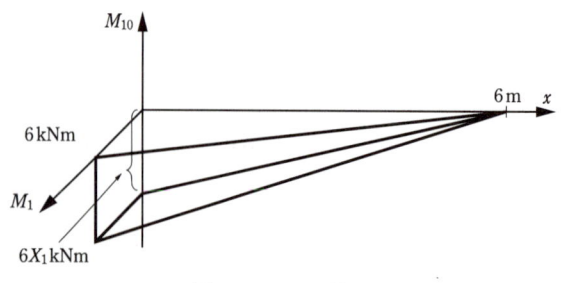

● 積分計算の代わりに立体の体積で計算した。6・4 解答例 2 参照（p.144）

● 部材の上側の曲げモーメントを "+" として 3 次元座標で表示した。
M_{10} が "−" であることに注意。

図 8.9 δ_{B0} の積分

図 8.10 δ_{B1} の積分

Step 6〜7

これらを足し合わせたたわみが，δ_B と等しくなる（変形の適合条件）。

これらを（8.4）式に代入して，

$$\delta_B = \delta_{B0} + \delta_{B1} X_1 = \frac{450}{EI} - \frac{72}{EI} X_1 = 0$$

よって，$X_1 = \dfrac{450}{72} = 6.25$

Step 8

これより基本形【0】と基本形【1】の曲げモーメント図は，次の図のようになる。

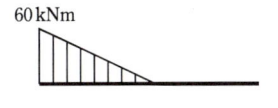

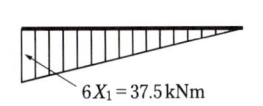

図 8.11 基本形【0】の曲げモーメント図（60 kNm）

図 8.12 基本形【1】の曲げモーメント図（$6X_1 = 37.5$ kNm）

これらを重ね合わせた（足し合わせた）ものが，与えられた構造物の曲げモーメント図となる。また，せん断力図も同様に重ね合わせて求めることができるが，図 8.14 の図中の式のように，曲げモーメントの傾きからも求めることができる。

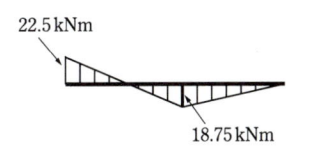

●重ね合わせの原理（p.55）

●曲げモーメントの傾きはせん断力の大きさと等しい（p.49）。

図 8.13 曲げモーメント図（22.5 kNm，18.75 kNm）

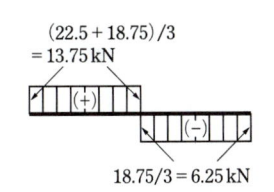

図 8.14 せん断力図（$(22.5 + 18.75)/3 = 13.75$ kN，$18.75/3 = 6.25$ kN）

8・3 たわみ角法

たわみ角法は，不静定構造物の部材の材端モーメントを，両端の節点角，部材角および固定端モーメントを用いた式で表し，次の2つのつり合い方程式をもとにして変形や応力を解く方法である。

(1) 節点方程式
各節点に集まる材端モーメントの和は0となる。

(2) 層方程式
ある層の水平荷重による層せん断力は，各柱のせん断力の総和に等しい。

たわみ角法の基本式は，図8.15のように変形した状態を考え，実際の節点角 θ と部材角 R を用いて，次のような式になる。

$$M_{AB} = 2EK_{AB}(2\theta_A + \theta_B - 3R_{AB}) + C_{AB}$$
$$M_{BA} = 2EK_{AB}(2\theta_B + \theta_A - 3R_{AB}) + C_{BA} \quad \cdots (8.5)$$

E：ヤング係数
K：部材の剛度。断面二次モーメント I を部材長 L で除した値（$K = I/L$）
C_{AB}, C_{BA}：それぞれ，AB部材のA端の固定端モーメントとB端の固定端モーメントを示す。

一般的な荷重による固定端モーメントを，表8.2に示す。

また，計算を容易にするために，K, θ, R を標準化し，$k = K/K_0$, $\varphi = 2EK_0\theta$, $\psi = -6EK_0R$ とおいて，(8.5)式の代わりに次の式を用いてもよい。

$$M_{AB} = k_{AB}(2\varphi_A + \varphi_B + \psi_{AB}) + C_{AB}$$
$$M_{BA} = k_{AB}(2\varphi_B + \varphi_A + \psi_{AB}) + C_{BA} \quad \cdots (8.6)$$

k：剛比
K_0 を標準剛度とし，剛度と標準剛度の比を剛比とする（$k = K/K_0$）
φ：標準化した節点角，ψ：標準化した部材角

(8.5)式 または (8.6)式を適用する際の仮定として，以下を用いる。

(1) ピン接合以外は剛接合である。つまり，1点に集まり剛接される材端の節点角はすべて等しい。
(2) 曲げ材が変形しても部材の長さは変わらない。

また，つり合い方程式の適用は，節点が移動しない場合（部材角が0の場合）は，節点方程式のみ，節点が移動する場合は，節点方程式のほかに，層方程式を立てる。

● 節点における たわみ角を節点角という。

● 曲げモーメント，節点角，部材角いずれも時計回りを正とする。

● 固定端モーメントの定義（p.176）

● φ はギリシャ文字でファイとよむ。
● ψ はギリシャ文字でプサイとよむ。

● 標準剛度 K_0 は任意の値としてよい。通常は計算が容易になる値とする。
● φ と ψ はモーメントと同じ単位となる。実際の節点角 θ，部材角 R を求めるには，標準化したときの次の式により換算すればよい。
$\varphi = 2EK_0\theta$
$\psi = -6EK_0R$

8・3　たわみ角法

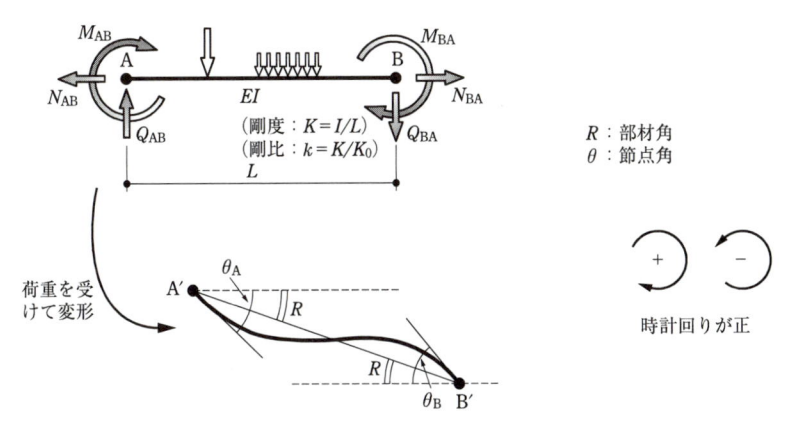

図 8.15　たわみ角法の基本式における部材の状態

R：部材角
θ：節点角

時計回りが正

表 8.2　固定端モーメント

荷重の種類	図	C_{AB}	C_{BA}
中央集中荷重	(A端・B端固定、中央にP)	$-\dfrac{1}{8}PL$	$\dfrac{1}{8}PL$
集中荷重	(A端・B端固定、a,bの位置にP)	$-\dfrac{ab^2}{L^2}P$	$\dfrac{ab^2}{L^2}P$
等分布荷重	(A端・B端固定、等分布荷重w)	$-\dfrac{1}{12}wL^2$	$\dfrac{1}{12}wL^2$
モーメント荷重	(A端・B端固定、a,bの位置にM)	$\dfrac{b(3a-L)}{L^2}M$	$\dfrac{a(3b-L)}{L^2}M$

●表 8.2 は次節の固定法でも用いる。

たわみ角法の計算手順を示すと，次のようになる．

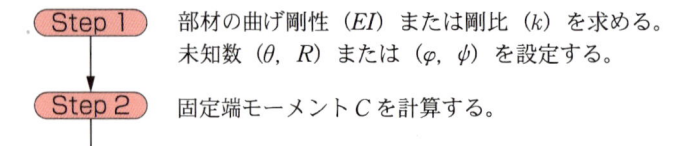

Step 1 部材の曲げ剛性（EI）または剛比（k）を求める．
未知数（θ, R）または（φ, ψ）を設定する．

Step 2 固定端モーメントCを計算する．

Step 3 基本式により，材端モーメントを（θ, R, C）または（φ, ψ, C）で表示する．

Step 4 つり合い方程式（節点方程式，層方程式）を立てる．

Step 5 つり合い方程式を解いて，未知数（θ, R）または（φ, ψ）を求める．

Step 6 求まった（θ, R）または（φ, ψ）を Step 3 の材端モーメントの式に代入し，材端モーメントを求める．

Step 7 応力図を描く．

図 8.16　たわみ角法の計算手順

例題 3　節点方程式を使う例

次の不静定梁の曲げモーメント図を求めなさい．

ただし，剛比 $k_1=1$, $k_2=2$ とする．

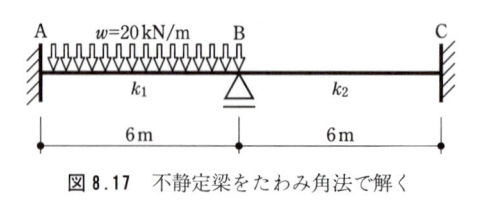

図 8.17　不静定梁をたわみ角法で解く

【解答例】

Step 1

A支点とC支点が固定端で回転しないので，

$\varphi_A = \varphi_C = 0$

A, B, C点は上下に移動しないので，AB材とBC材の部材角は 0 となり，

$\psi_{AB} = \psi_{BC} = 0$

Step 2

AB材は中間荷重があるので，固定端モーメントを求める． ●表 8.2 参照（p.169）

$$C_{AB} = -\frac{wL^2}{12} = -\frac{20 \times 6^2}{12} = -60 \text{ kNm}, \quad C_{BA} = \frac{wL^2}{12} = 60 \text{ kNm}$$

Step 3

基本式により，材端モーメントを φ，ψ，固定端モーメントで表示する。

$M_{AB} = 1 \cdot (\quad \varphi_B \quad) - 60$

$M_{BA} = 1 \cdot (2\varphi_B \quad) + 60$

$M_{BC} = 2 \cdot (2\varphi_B \quad)$

$M_{CB} = 2 \cdot (\quad \varphi_B \quad)$

● p.168 の (8.6) 式を使う。

Step 4〜5

B 点に節点方程式を立てて，未知数を求める。

$\Sigma_B M = M_{BA} + M_{BC} = 0$　より，

$1 \cdot (2\varphi_B) + 60 + 2 \cdot (2\varphi_B) = 0$

$6\varphi_B + 60 = 0$

よって，$\varphi_B = -10$

Step 6

求まった φ_B を材端モーメントの式に代入し，

$M_{AB} = -70$ kNm

$M_{BA} = 40$ kNm

$M_{BC} = -40$ kNm

$M_{CB} = -20$ kNm

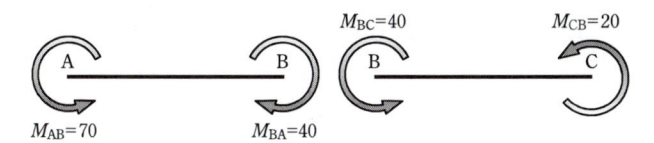

図 8.18　材端モーメント（時計周りが正）

Step 7

材端モーメントは符号に注意し，変形も考慮して作図する。

AB 部材の中央の曲げモーメントは，AB 部材が単純梁の場合の中央のモーメント M_0 から，A 端と B 端の曲げモーメントの平均値を差し引いて求められる。

$M_{AB の中央} = M_0 - \dfrac{M_{AB} + M_{BA}}{2} = \dfrac{20 \times 6^2}{8} - \dfrac{70 + 40}{2} = 35$ kNm

●単純梁の場合の中央のモーメントは，3・2 節参照 (p.68)，または公式は表 6.1 参照 (p.135)
●参考 2 参照 (p.175)
●せん断力を求める場合は，曲げモーメントの傾きから計算する。

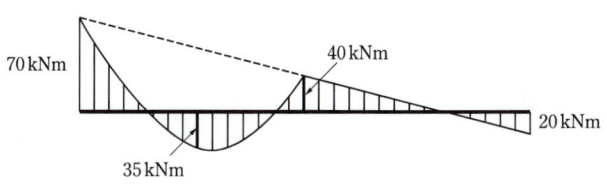

図 8.19　曲げモーメント図

例題 4　節点方程式と層方程式を使う例

次の不静定骨組の曲げモーメント図を求めなさい。ただし，部材の曲げ剛性はすべて EI とする。

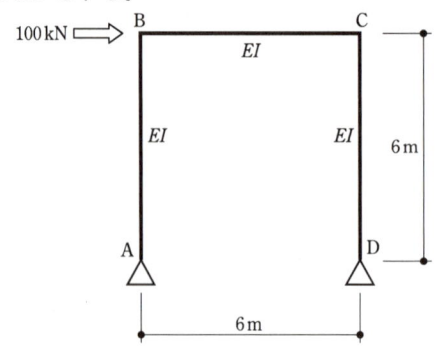

図 8.20　不静定骨組をたわみ角法で解く

【解答例】

Step 1

部材の曲げ剛性と部材長はいずれも EI と 6 m であるので，剛度 K は $I/6$ となる。

標準剛度 $K_0 = I/6$ とすると，剛比 $k = K/K_0$ はいずれも 1 となる。

骨組が対象であるので，全体の変形を考え，

$\varphi_A = \varphi_D$, $\varphi_B = \varphi_C$, $\psi_{AB} = \psi_{CD}$ だから，

φ_A, φ_B, ψ_{AB} を未知数とし，左半分の未知数を用いて，全体を対象として計算する。

Step 2

中間荷重がある部材はないので，固定端モーメントの計算は不要である。

Step 3

基本式により，材端モーメントを φ, ψ, C で表示する。

$M_{AB} = 1 \cdot (2\varphi_A + \varphi_B + \psi_{AB})$

$M_{BA} = 1 \cdot (2\varphi_B + \varphi_A + \psi_{AB})$

$M_{BC} = 1 \cdot (2\varphi_B + \varphi_B)$　（$\varphi_B = \varphi_C$ より）

Step 4

A 点で節点方程式を立てる。

$\Sigma_A M = M_{AB} = 0$　より（ピン支点）

$2\varphi_A + \varphi_B + \psi_{AB} = 0$　　…①

B 点で節点方程式を立てる。

$\Sigma_B M = M_{BA} + M_{BC} = 0$　より，

$2\varphi_B + \varphi_A + \psi_{AB} + 2\varphi_B + \varphi_B = 0$

$\varphi_A + 5\varphi_B + \psi_{AB} = 0$　　　　…②

層方程式を立てる。

層せん断力　$Q = P$

柱のせん断力の総和　$-\dfrac{\Sigma(M_上 + M_下)}{h}$

$M_上$ は柱の上端の曲げモーメント，$M_下$ は柱の下端の曲げモーメント，h は階高を示す。

層方程式：$\Sigma(M_上 + M_下) = -Ph$　　　…(8.7)

$2 \times (M_{AB} + M_{BA}) = -100 \times 6$

$6\varphi_A + 6\varphi_B + 4\psi_{AB} = -600$　　　…③

●柱が2本なので2倍する。

Step 5

①〜③を連立して未知数を求める。

よって，$\varphi_A = 400$, $\varphi_B = 100$, $\psi_{AB} = -900$

Step 6

これらを Step 3 の材端モーメントの式に代入し，

$M_{AB} = 0$ kNm

$M_{BA} = -300$ kNm

$M_{BC} = 300$ kNm

Step 7

曲げモーメント図を描く。

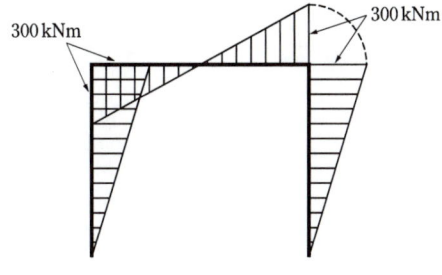

図 8.21　曲げモーメント図

参考1　一端ピンの場合

　例題4の柱材のように，部材の一端がピンの場合は，ピン端の曲げモーメントは計算しなくても0であることは分かっている。基本的にピン端の曲げモーメントが0である条件を用いることにより，ピン端のある部材（図8.22）において，ピン端ではない側（A節点）の材端曲げモーメントを，次の式で表示することができる。

$$M_{AB} = k(1.5\varphi_A + 0.5\psi) + H_{AB} \quad \cdots (8.8)$$

ここで，$H_{AB} = C_{AB} - \dfrac{C_{BA}}{2} \quad \cdots (8.9)$

A●————————————○B

図 8.22　部材の一端（B節点）がピンの場合

例題4の材端モーメントは，(8.8)式を用いると，

$$M_{BA} = 1 \cdot (1.5\varphi_B + 0.5\psi_{AB})$$
$$M_{BC} = 1 \cdot (2\varphi_B + \varphi_B)$$

B点の節点方程式

$$M_{BA} + M_{BC} = 4.5\varphi_B + 0.5\psi_{AB} = 0 \quad \cdots ①$$

層方程式

$$2M_{BA} = -100 \times 6$$
$$3\varphi_B + \psi_{AB} = -600 \quad \cdots ②$$

①，②を解くと，$\varphi_B = 100$，$\psi_{AB} = -900$　となり，例題と同様になる。

参考2 材端モーメントから部材中央の曲げモーメントとせん断力を求める方法

不静定梁の曲げモーメントの分布形状は，材端の曲げモーメントを0とすると単純梁の分布形状と一致する。したがって，不静定梁の中央の曲げモーメントは，図8.23を参照して，次のような式となる。

$$M_C = M_0 - \frac{M_1 + M_2}{2} \quad \cdots (8.10)$$

また，材端におけるせん断力は，単純梁の場合の材端せん断力に，両端の曲げモーメントを直線で結んだ線の傾きを付加し，すなわち付加せん断力 ΔQ として，次の式で求められる。

$$Q_1 = Q_0 + \Delta Q \quad \cdots (8.11)$$
$$Q_2 = Q_0 - \Delta Q \quad \cdots (8.12)$$
$$\Delta Q = \frac{M_1 - M_2}{L} \quad \cdots (8.13)$$

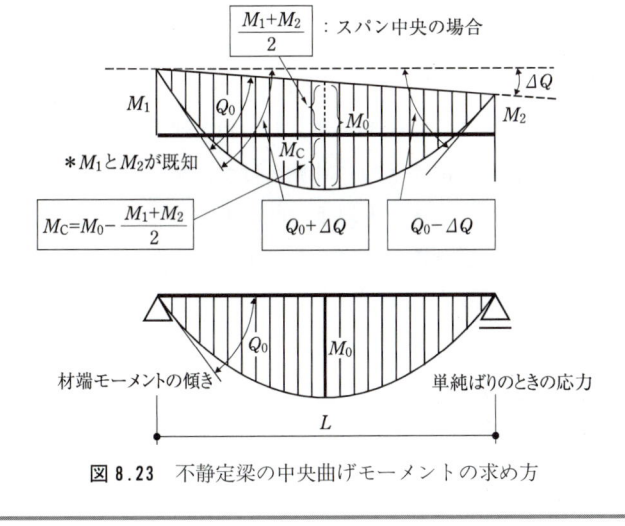

図 8.23 不静定梁の中央曲げモーメントの求め方

- たわみ角法や次節の固定モーメント法においても使用する方法である。
- (8.10)式は荷重形式が対称の場合の式である。非対称の場合（荷重点が中央でない場合）は，幾可学的な関係からその点の応力を求める。

8・4 固定法

　固定法（固定モーメント法ともいう）は，たわみ角法の原理を利用した解法である。しかし，たわみ角法のように未知数を設定して連立方程式を解く方法ではなく，節点角を固定した応力を初期値として，それを解除，分配，伝達を繰り返し行うことによって解を求める実用的な**近似解法**である。

　固定法の考え方を図 8.24 に例を用いて示す。(a) のような，荷重が作用するときの応力を求める場合を考える。

　まず，(c) のように荷重の作用する部材の両端が固定の場合の応力（これを**固定端モーメント FEM** または**固定モーメント**という。）を初期値とする。

　次に，**解除モーメント**として，この固定端モーメントと逆向きのモーメントを作用させる。それを左右の梁に剛比の割合（**分割率 DF**）で分割し，その半分を同じ部材の他端に伝達させる。分割したモーメントを**分割モーメント D** という。伝達し到達した曲げモーメントを**到達モーメント C** という。

　繰り返し計算を行う場合は，同じ節点における到達モーメントの和と逆向きの曲げモーメントを解除モーメントとして，前述と同じ計算を行う。

　求めたい実際の材端モーメントは，固定端モーメント以下の曲げモーメント（固定端モーメント，分割モーメントおよび到達モーメント）を足し合わせたものである。

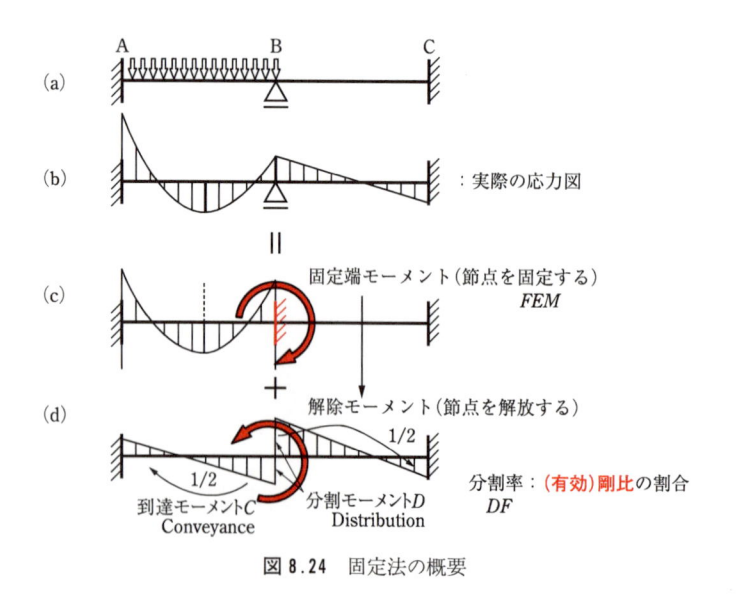

●固定端モーメントは，たわみ角法の節で示した表 8.2（p.169）と同じである。

図 8.24　固定法の概要

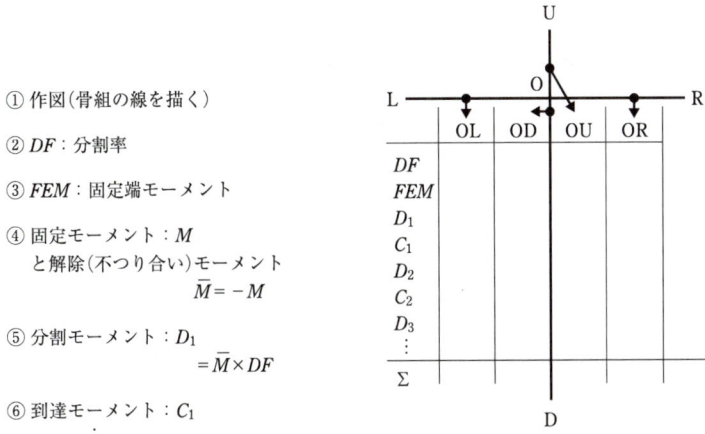

8・4 固定法 177

① 作図（骨組の線を描く）
② DF：分割率
③ FEM：固定端モーメント
④ 固定モーメント：M
　と解除（不つり合い）モーメント
　　　　　$\bar{M} = -M$
⑤ 分割モーメント：D_1
　　　　　$= \bar{M} \times DF$
⑥ 到達モーメント：C_1
　　D_1, C_1…繰り返す（ただし，D_iを求めるための$\bar{M}$は同じ節点の周りの直前のΣCとする）
⑦ 材端モーメント：Σ欄
　　　　　$= FEM + \Sigma D_i + \Sigma C_i$

	OL	OD	OU	OR
DF				
FEM				
D_1				
C_1				
D_2				
C_2				
D_3				
⋮				
Σ				

図 8.25　固定法の1つの節点周りの作表ルール

この解法は図上で表形式により行うため，書式をあらかじめ決めておくと分かり易い。本書では図8.25の書式で表すことにする。特に，節点周りの部材端の情報を記入する位置に注意する。

具体的な方法は，例題で示す。

例題 5 　不静定梁を固定法で解く

次の不静定梁の曲げモーメントとせん断力を求めなさい。AB梁には等分布荷重が作用し，その総重量は $W=8$ kN である。AB梁の剛比は1，BC梁の剛比は2とする。

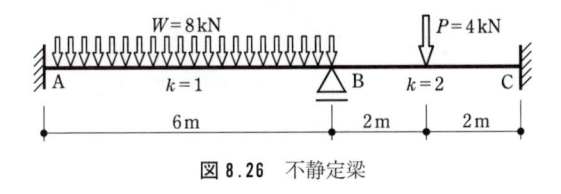

図 8.26　不静定梁

【解答例】

まず固定端モーメント FEM を求める。

FEM：$C_{AB} = -WL/12 = -48/12 = -4$ kNm

$C_{BA} = -C_{AB} = 4$ kNm

$C_{BC} = -PL/8 = -4 \times 4/8 = -2$ kNm

$C_{CB} = -C_{BC} = 2$ kNm

● AB部材に作用する荷重は等分布荷重であるが，その大きさは単位長さあたりの重量（kN/m）で示すことが一般的である。しかし，この例題のように，総重量（kN）で示すこともある。

● 表8.2(p.169)参照。$W = wL$ に注意。

次に，梁の線を描く。計算の参考のため，部材の中間の□内にその部材の剛比，節点の○内にそこに集まる部材の剛比の合計を記入する。固定端の分割率 DF は 0 とする。

● 固定端の分割率は 0
ピン端の分割率は 1

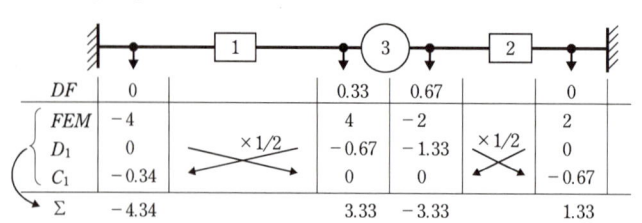

図 8.27 固定モーメント法の作図・作表計算

DF に分割率，FEM に固定端モーメントを記入する。次に，B 節点でみると，B 節点に集まる材端の固定端モーメントを足して，その符号を逆にしたものを分割率 DF の割合で振り分けたのが，D_1 となる。その D_1 を同じ部材の他端にその $\frac{1}{2}$ の大きさを伝達させる。この問題の場合は C_1 までで，それ以上繰り返しても値が変わらないため，ここで計算を打ち切る。

材端モーメントは，節点ごとに FEM と D_1 と C_1 を足した値となる。

材端モーメントが求められたので，それに基づき，梁の中央の曲げモーメントとせん断力を，単純梁の場合の応力を用いて計算する。

● p.175，8・3 節の参考 2 参照。

中央曲げモーメント

単純ばりのときの中央曲げモーメント
$M_{AB0} = WL/8 = 6$ kNm
$M_{BC0} = PL/4 = 4$ kNm

AB 梁の中央の M
$M_{AB 中央} = M_{AB0} - (4.34+3.33)/2$
$\quad = 2.17$ kNm

BC 梁の中央の M
$M_{BC 中央} = M_{BC0} - (3.33+1.33)/2$
$\quad = 1.67$ kNm

せん断力

単純ばりのときのせん断力
$Q_{AB0} = W/2 = 4$ kN
$Q_{BC0} = P/2 = 2$ kN

AB 梁の左端の Q
$Q_{AB 左} = Q_{AB0} + (4.34-3.33)/6$
$\quad = 4.17$ kN

AB 梁の右端の Q
$Q_{AB 右} = Q_{AB0} - (4.34-3.33)/6$
$\quad = 3.83$ kN

BC 梁の左端の Q
$Q_{BC 左} = Q_{BC0} + (3.33-1.33)/4$
$\quad = 2.50$ kN

BC 梁の右端の Q
$Q_{BC 右} = Q_{BC0} - (3.33-1.33)/4$
$\quad = 1.50$ kN

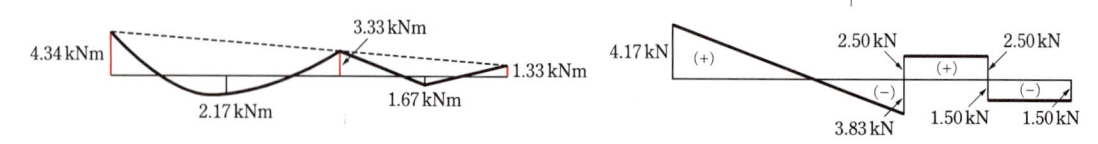

(a) 曲げモーメント図

(b) せん断力図

図 8.28 曲げモーメント図（図中に材端のせん断力の大きさを記入）

> **例題 6** 不静定骨組を固定モーメント法で解く。
>
> 次の不静定骨組の曲げモーメント図を求めなさい。
>
> 図 8.29　不静定骨組

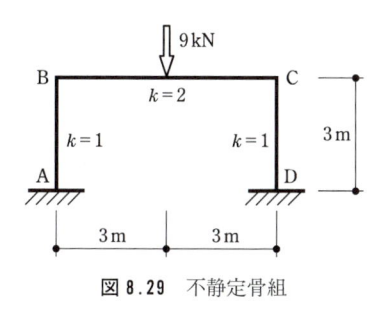

【解答例】

BC 梁の固定端モーメントおよび単純梁の場合の中央の曲げモーメントを求める。

$$C_{BC} = -\frac{9 \times 6}{8} = -6.75 \text{ kNm}$$

$$M_0 = \frac{9 \times 6}{4} = 13.5 \text{ kNm}$$

骨組を図に描いて，計算を進める。

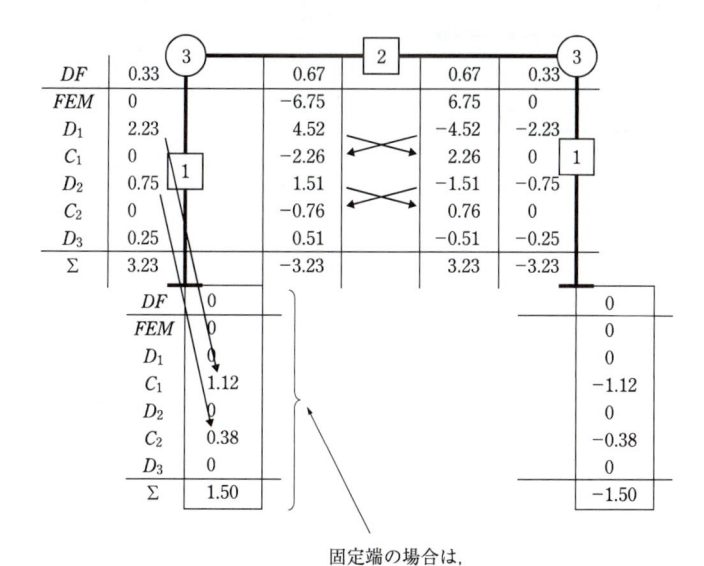

		③		②		③	
DF	0.33		0.67		0.67	0.33	
FEM	0		−6.75		6.75	0	
D_1	2.23		4.52		−4.52	−2.23	
C_1	0		−2.26	⤫	2.26	0	
D_2	0.75	①	1.51		−1.51	−0.75	①
C_2	0		−0.76	⤫	0.76	0	
D_3	0.25		0.51		−0.51	−0.25	
Σ	3.23		−3.23		3.23	−3.23	

DF	0			0
FEM	0			0
D_1	0			0
C_1	1.12			−1.12
D_2	0			0
C_2	0.38			−0.38
D_3	0			0
Σ	1.50			−1.50

固定端の場合は，C_1, C_2 … だけとしてもよい。

図 8.30　固定モーメント法の作図・作表計算

BC 梁の中央の曲げモーメント M_C は，

$$M_C = M_0 - \frac{3.23 + 3.23}{2} = 10.27 \text{ kNm}$$

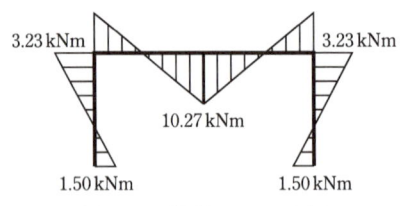

図 8.31 曲げモーメント図

例題 6 の骨組は左右対称であるので，左半分のみで解くこともできる。

その際，梁部材の剛比に表 8.3 に示す有効剛比を用いて，例題と同様の方法で解くことができる。

表 8.3 有効剛比（剛比を $k = K/L$ とする）

条件	図	有効剛比 $\bar{k}$
他端 B が固定の場合	A───B	$\bar{k} = k$
他端 B がピンの場合	A───B○	$\bar{k} = \frac{3}{4}k$
変形が対称のときで，骨組の半分を対象とする場合	変形図	$\bar{k} = \frac{1}{2}k$
変形が逆対称のときで，骨組の半分を対象とする場合	変形図	$\bar{k} = \frac{3}{2}k$

例題 7 水平力を受けて節点が移動する門形ラーメン

次の水平力を受ける不静定門形ラーメンの曲げモーメントを求めなさい。

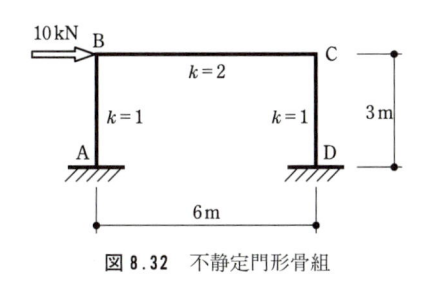

図 8.32 不静定門形骨組

【解答例】

節点が移動する場合は，柱に強制的に部材角を与え，そのときの柱の固定端モーメントを初期値として計算を進める。

AB 部材について部材角 R のみ与えた場合，たわみ角法の基本式より，節点角が 0，中間荷重が 0 のとき，次の式となる。

$$M_{BA} = -6EKR$$

これを剛比で表すと

$$M_{BA} = -6EK_0 R \cdot k \quad \cdots (8.14)$$

ここで，$6EK_0 R = 100$ と仮定すると，固定端モーメント FEM は $-100k$ となる。ただし，実際の応力は，これによって求められた応力の x 倍の値であり，たわみ角法の層方程式を用いて x の値を求め，実際の応力とする。

この例題は，骨組が左右対称であるので，左半分のみで解く。変形が逆対称となるので，BC 部材の有効剛比を剛比の 1.5 倍とする。AB 部材の固定端モーメント FEM は剛比が 1 であるので，A 端，B 端ともに -100 として計算を進める。

●たわみ角法の基本式 (8.5)式 (p. 168) 参照。

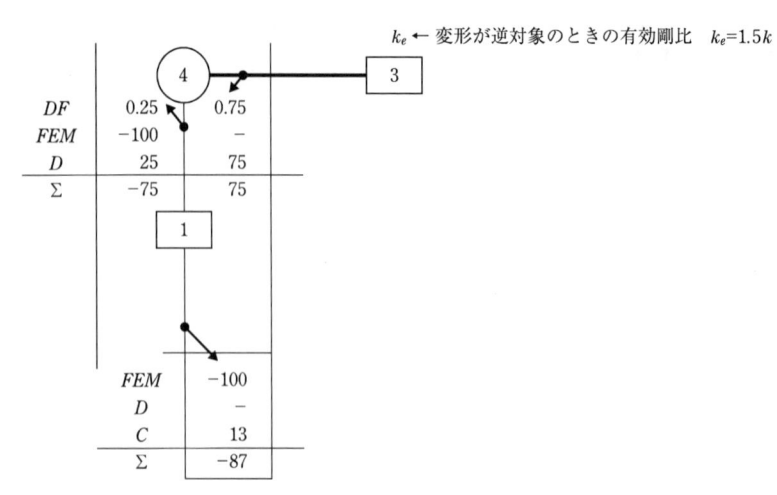

k_e ← 変形が逆対象のときの有効剛比 $k_e=1.5k$

DF	0.25	0.75
FEM	−100	−
D	25	75
Σ	−75	75

FEM	−100
D	−
C	13
Σ	−87

図 8.33 水平荷重を受ける不静定骨組

実際の応力はこの x 倍であるので，層方程式を立てると

$2\times(-75-87)x = -10\times 3$

よって，　　$x = 0.09259$

したがって，

$M_{AB} = -75\times 0.09259 = 6.944 \rightarrow 6.94\,\text{kNm}$

$M_{BA} = -M_{BC} = -87\times 0.09259 = 8.055 \rightarrow 8.06\,\text{kNm}$

●層方程式 (8.7) 式 (p.173) 参照。

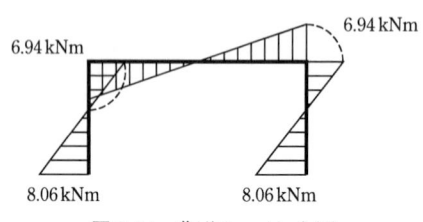

図 8.34 曲げモーメント図

8・5　剛性マトリックス法

剛性マトリックス法はマトリックス変位法ともいい，たわみ角法に由来する解法で，コンピュータを利用した解法として広く普及している解法である。

本節では，剛性マトリックス法の導入部の考え方を簡単な例を用いて解説する。

この解法は計算式をマトリックス表示するため，線形代数学の知識が必要であるが，その詳細は他書に譲るものとする。

剛性マトリックス法は，次の式のように外力を剛性マトリックスと変位の積で表し，骨組の拘束条件（既知変位）を除外した調整剛性マトリックスを作り，それに対応する外力を用いて未知変位を求める。この求められた未知変位を元の剛性マトリックスに掛けることにより，反力や各部材の材端力を求める方法である。

$$F = K \cdot u \quad \cdots (8.14)$$

8.5.1　ばね要素

最も簡単なばね要素（軸力材）について説明する。図8.35のように一端を固定し，右側にFの力で引っ張った場合，uだけ伸びたとする。この時の力と変位の関係は，弾性範囲とすると，次のような比例関係となる（図8.36）。この比例定数kを**ばね定数**という。

$$F = k \cdot u \quad \cdots (8.15)$$

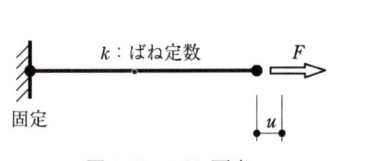

図 8.35　ばね要素

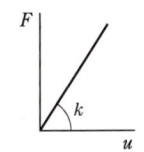

図 8.36　力と変位の関係

ここで，図8.37のように，1つのばねを取り出して，力と変位の関係を求める。左端の節点を①，右端の節点を②とし，ばね要素のばね定数をk_1，①節点の力と変位をF_1，u_1，同様に②節点の力と変位をF_2，u_2とする。

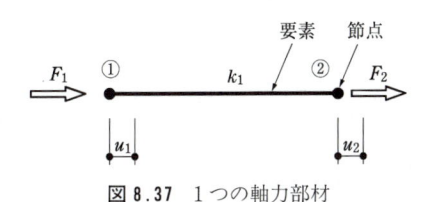

図 8.37　1つの軸力部材

力と変位の関係は，次の式となる。

$$F_1 = k_1 \cdot u_1 - k_1 \cdot u_2 \\ F_2 = -k_1 \cdot u_1 + k_1 \cdot u_2 \Bigg\} \quad \cdots (8.16)$$

これをマトリックス表示すると，

$$\begin{Bmatrix} F_1 \\ F_2 \end{Bmatrix} = \begin{bmatrix} k_1 & -k_1 \\ -k_1 & k_1 \end{bmatrix} \begin{Bmatrix} u_1 \\ u_2 \end{Bmatrix} \quad \cdots (8.17)$$

ここで，次のようにおくと

$$\boldsymbol{F} = \begin{Bmatrix} F_1 \\ F_2 \end{Bmatrix} \quad \boldsymbol{K} = \begin{Bmatrix} k_1 & -k_1 \\ -k_1 & k_1 \end{Bmatrix} \quad \boldsymbol{u} = \begin{Bmatrix} u_1 \\ u_2 \end{Bmatrix}$$

よって，$\boldsymbol{F} = \boldsymbol{K} \cdot \boldsymbol{u}$ $\quad \cdots (8.18)$

この式をばねの**剛性方程式**という。$\boldsymbol{K}$ をばねの**剛性マトリックス**といい，このばねが構造の一部であれば，構造の**要素の剛性マトリックス**という。

8.5.2 直列につながった2つのばね要素

図8.38のように，このばね要素が2つ直列につながり，右端を固定（拘束）した構造を考える。

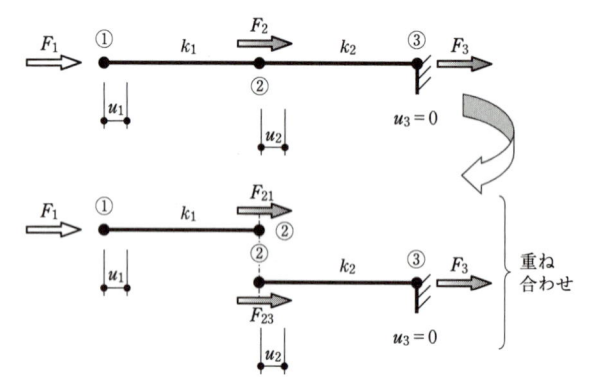

図8.38 直列につながった2つのばね要素

節点②において，節点力 F_2 を次の式のように分けて考える。

$$F_2 = F_{21} + F_{23} \quad \cdots (8.19)$$

①，②要素および②，③要素の剛性方程式は，(8.17) 式より

$$\begin{Bmatrix} F_1 \\ F_{21} \end{Bmatrix} = \underbrace{\begin{bmatrix} k_1 & -k_1 \\ -k_1 & k_1 \end{bmatrix}}_{\boldsymbol{K}_1} \begin{Bmatrix} u_1 \\ u_2 \end{Bmatrix} \quad \cdots (8.20)$$

$$\begin{Bmatrix} F_{23} \\ F_3 \end{Bmatrix} = \underbrace{\begin{bmatrix} k_2 & -k_2 \\ -k_2 & k_2 \end{bmatrix}}_{\boldsymbol{K}_2} \begin{Bmatrix} u_2 \\ u_3 \end{Bmatrix} \quad \cdots (8.21)$$

これらを3行，3列のマトリックスに表記すると

$$\begin{Bmatrix} F_1 \\ F_{21} \\ 0 \end{Bmatrix} = \begin{bmatrix} k_1 & -k_1 & 0 \\ -k_1 & k_1 & 0 \\ 0 & 0 & 0 \end{bmatrix} \begin{Bmatrix} u_1 \\ u_2 \\ u_3 \end{Bmatrix} \qquad \cdots (8.22)$$

$$\begin{Bmatrix} 0 \\ F_{23} \\ F_3 \end{Bmatrix} = \begin{bmatrix} 0 & 0 & 0 \\ 0 & k_2 & -k_2 \\ 0 & -k_2 & k_2 \end{bmatrix} \begin{Bmatrix} u_1 \\ u_2 \\ u_3 \end{Bmatrix} \qquad \cdots (8.23)$$

(8.22) 式と (8.23) 式を重ね合わせると，(8.19) 式を適用して，

$$\begin{Bmatrix} F_1 \\ F_2 \\ F_3 \end{Bmatrix} = \begin{bmatrix} k_1 & -k_1 & 0 \\ -k_1 & k_1+k_2 & -k_2 \\ 0 & -k_2 & k_2 \end{bmatrix} \begin{Bmatrix} u_1 \\ u_2 \\ u_3 \end{Bmatrix} \qquad \cdots (8.24)$$

この剛性マトリックスを，**構造全体の剛性マトリックス**といい，次の3つの性質がある。すなわち剛性マトリックスは特異行列であり，このままでは方程式を解くことができない。

(1) $k_{ij} = k_{ji}$ （対角項に対して対称）
(2) $\Sigma F = F_1 + F_2 + F_3 = 0$ （力のつり合い）
(3) 行列式 $|K| = k_1(k_1+k_2)k_2 - k_1 k_2^2 - k_1^2 k_2 = 0$

そこで，境界条件を考える。$u_3=0$ であるので，(8.24) 式を2つに分ける。

$$\begin{Bmatrix} F_1 \\ F_2 \end{Bmatrix} = \begin{bmatrix} k_1 & -k_1 \\ -k_1 & k_1+k_2 \end{bmatrix} \begin{Bmatrix} u_1 \\ u_2 \end{Bmatrix} \qquad \cdots (8.25)$$

$$\{F_3\} = \begin{bmatrix} 0 & -k_2 \end{bmatrix} \begin{Bmatrix} u_1 \\ u_2 \end{Bmatrix} \qquad \cdots (8.26)$$

(8.25) 式の剛性マトリックスは，(8.24) 式の剛性マトリックスから，$u_3=0$ の行，列の要素を除いて未知変位を求めるのに必要としたもので，これを**調整剛性マトリックス**という。また，(8.25) 式を**調整剛性方程式**という。

(8.25) 式から，未知変位 u_1，u_2 を求める。

$$\begin{Bmatrix} u_1 \\ u_2 \end{Bmatrix} = \begin{bmatrix} k_1 & -k_1 \\ -k_1 & k_1+k_2 \end{bmatrix}^{-1} \begin{Bmatrix} F_1 \\ F_2 \end{Bmatrix} \qquad \cdots (8.27)$$

(8.27) 式から未知変位 u_1，u_2 を求めるには，(8.23) 式のように逆行列を計算することになる。逆行列によらない場合には，ガウスの消去法，掃き出し法，共役傾斜法などの方法によるとよい。

求められた u_1，u_2 を (8.26) 式に代入することで，未知の反力 F_3 を求めることができる。

8.5.3 軸力材と曲げ材の要素の剛性マトリックス

8.5.1, 8.5.2において, ばね要素を使って説明したが, ばね要素の剛性マトリックスの代わりに, その他の要素の剛性マトリックスを用いることにより, 様々な構造体の計算を同様に行うことができる。

軸力材の剛性マトリックスは, ばね要素の剛性方程式 (8.17) 式において, ばね剛性を次式に置き換えることで, 軸力材の剛性方程式となる。

$$k_1 = \frac{AE}{L} \quad \cdots (8.28)$$

- p.132, 6.1.1 節 (6.1) 式参照。

A：軸力材の断面積
E：材料のヤング係数
L：部材長

したがって, 軸力材の要素の剛性マトリックスは次のようになる。

$$\begin{Bmatrix} F_1 \\ F_2 \end{Bmatrix} = \begin{bmatrix} \dfrac{AE}{L} & -\dfrac{AE}{L} \\ -\dfrac{AE}{L} & \dfrac{AE}{L} \end{bmatrix} \begin{Bmatrix} u_1 \\ u_2 \end{Bmatrix} \quad \cdots (8.29)$$

曲げ材の剛性マトリックスは, 図 8.39 の定義を用い, 次の式で表される。

$$\begin{Bmatrix} Y_1 \\ M_1 \\ Y_2 \\ M_2 \end{Bmatrix} = \begin{bmatrix} 12\dfrac{EI}{L^3} & -6\dfrac{EI}{L^2} & -12\dfrac{EI}{L^3} & -6\dfrac{EI}{L^2} \\ -6\dfrac{EI}{L^2} & 4\dfrac{EI}{L} & 6\dfrac{EI}{L^2} & 2\dfrac{EI}{L} \\ -12\dfrac{EI}{L^3} & 6\dfrac{EI}{L^2} & 12\dfrac{EI}{L^3} & 6\dfrac{EI}{L^2} \\ -6\dfrac{EI}{L^2} & 2\dfrac{EI}{L} & 6\dfrac{EI}{L^2} & 4\dfrac{EI}{L} \end{bmatrix} \begin{Bmatrix} \nu_1 \\ \theta_1 \\ \nu_2 \\ \theta_2 \end{Bmatrix} \quad \cdots (8.30)$$

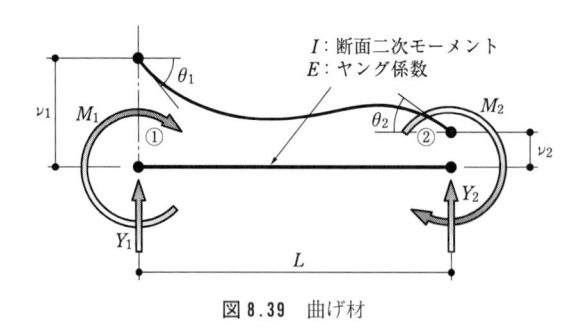

I：断面二次モーメント
E：ヤング係数

- 力と変位の正の方向に注意。

図 8.39 曲げ材

付　録

1　断面定数表

	断面の形	断面積 A(cm²)	図心の位置 y_0(cm)	主断面二次モーメント I(cm⁴)	断面係数 Z(cm³)	断面二次半径 i(cm)
1		bh	$\dfrac{h}{2}$	$\dfrac{bh^3}{12}$	$\dfrac{bh^2}{6}$	$\dfrac{h}{\sqrt{12}}=0.289h$
2		h^2	$\dfrac{h}{\sqrt{2}}=0.707h$	$\dfrac{h^4}{12}$	$\dfrac{h^3}{6\sqrt{2}}=0.118h^3$	$\dfrac{h}{\sqrt{12}}=0.289h$
3		$b(h-h_1)$	$\dfrac{h}{2}$	$\dfrac{b(h^3-h_1{}^3)}{12}$	$\dfrac{b(h^3-h_1{}^3)}{6h}$	$\sqrt{\dfrac{h^3-h_1{}^3}{12(h-h_1)}}$
4		$\dfrac{bh}{2}$	$y_1=\dfrac{2h}{3}$ $y_2=\dfrac{h}{3}$	$\dfrac{bh^3}{36}$	$Z_1=\dfrac{bh^2}{24}$ $Z_2=\dfrac{bh^2}{12}$	$\dfrac{h}{\sqrt{18}}=0.236h$
5		$\dfrac{(b+b_1)h}{2}$	$\dfrac{(2b+b_1)h}{3(b+b_1)}$	$\dfrac{(b^2+4bb_1+b_1{}^2)h^3}{36(b+b_1)}$	$Z_1=$ $\dfrac{(b^2+4bb_1+b_1{}^2)h^2}{12(2b+b_1)}$	$\dfrac{h\sqrt{2(b^2+4bb_1+b_1{}^2)}}{6(b+b_1)}$
6		$\pi r^2=3.14r^2$ $\dfrac{\pi d^2}{4}=0.785d^2$	$r=\dfrac{d}{2}$	$\dfrac{\pi r^4}{4}=0.785r^4$ $\dfrac{\pi d^2}{64}=0.0491d^4$	$\dfrac{\pi r^3}{4}=0.785r^3$ $\dfrac{\pi d^3}{32}=0.0982d^3$	$\dfrac{r}{2}=\dfrac{d}{4}$
7		$\dfrac{\pi(d^2-d_1{}^2)}{4}$ $=0.785(d^2-d_1{}^2)$	$r=\dfrac{d}{2}$	$\dfrac{\pi(d^4-d_1{}^4)}{64}$ $=0.0491(d^4-d_1{}^4)$	$\dfrac{\pi(d^4-d_1{}^4)}{32d}$ $=0.0982\dfrac{d^4-d_1{}^4}{d}$	$\dfrac{\sqrt{d^2+d_1{}^2}}{4}$
8		$bh-b_1h_1$	$\dfrac{h}{2}$	$\dfrac{bh^3-b_1h_1{}^3}{12}$	$\dfrac{bh^3-b_1h_1{}^3}{6h}$	$\sqrt{\dfrac{bh^3-b_1h_1{}^3}{12A}}$

2 面積を求める公式

長方形
$A = $ 縦 × 横
$= ab$

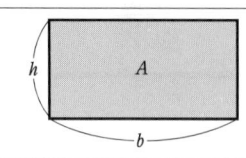

平行四辺形
$A = $ 底辺 × 高さ
$= ah$

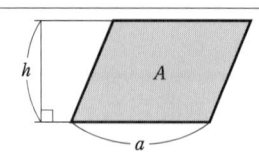

三角形
$A = $ 底辺 × 高さ /2
$= \dfrac{ah}{2}$

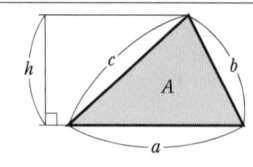

円
$A = 3.14 \times $ (半径)^2
$= \pi r^2$

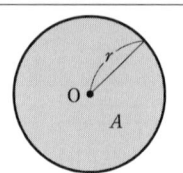

3 体積を求める公式

角柱
$V = $ 底面積 × 高さ
$= Ah$

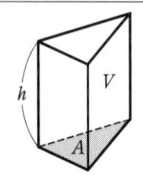

円柱
$V = $ 底面積 × 高さ
$= \pi r^2 h$

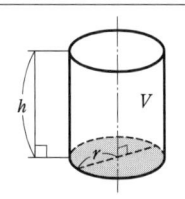

角すい
$V = $ 底面積 × 高さ /3
$= \dfrac{Ah}{3}$

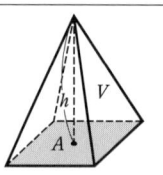

長方形
$V = $ 底面積 × 高さ /3
$= \dfrac{\pi r^2 h}{3}$

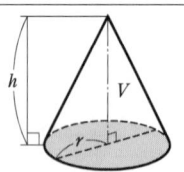

4 数学の公式

1．指数（$a \neq 0$）
(1) $a^m \times a^n = a^{m+n}$
(2) $a^m \div a^n = \dfrac{a^m}{a^n} = a^{m-n}$
(3) $(a^m)^n = a^{mn}$
(4) $(ab)^n = a^n b^n$
(5) $\left(\dfrac{a}{b}\right)^n = \dfrac{a^n}{b^n}$ ($b \neq 0$)
(6) $a^0 = 1$ (7) $a^{-m} = \dfrac{1}{a^m}$

2．乗法公式
(1) $m(a+b) = ma + mb$
(2) $(a+b)^2 = a^2 + 2ab + b^2$
(3) $(a-b)^2 = a^2 - 2ab + b^2$
(4) $(a+b)(a-b) = a^2 - b^2$
(5) $(x+a)(x+b)$
$= x^2 + (a+b)x + ab$
(6) $(ax+b)(cx+d)$
$= acx^2 + (ad+bc)x + bd$

3．比例式
$a:b = c:d$ のとき
$\dfrac{a}{b} = \dfrac{c}{d}$, $bc = ad$

4．1次方程式・1次不等式の解
(1) $ax = b$ ($a \neq 0$) の解は
$x = \dfrac{b}{a}$
(2) $ax > b$ ($a \neq 0$) の解は
$a > 0$ のとき $x > \dfrac{b}{a}$
$a < 0$ のとき $x < \dfrac{b}{a}$

5．2次方程式の解
$ax^2 + bx + c = 0$ ($a \neq 0$)
の解は
$x = \dfrac{-b \pm \sqrt{b^2 - 4ac}}{2a}$

6．三平方の定理
$c^2 = a^2 + b^2$
$c = \sqrt{a^2 + b^2}$

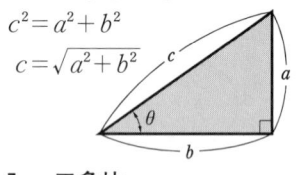

7．三角比
$\sin\theta = \dfrac{a}{c}$, $\cos\theta = \dfrac{b}{c}$,
$\tan\theta = \dfrac{a}{b}$

8．定積分
$\int_a^b x^n dx = \left[\dfrac{x^{n+1}}{n+1}\right]_a^b$
$= \dfrac{1}{n+1}(b^{n+1} - a^{n+1})$

9．不定積分
$\int x^n dx = \dfrac{x^{n+1}}{n+1} + C$
（C：積分定数）

5 平方・立方・平方根・立方根の表

n	n^2	n^3	$\sqrt{n}$	$\sqrt{10n}$	$\sqrt[3]{n}$	n	n^2	n^3	$\sqrt{n}$	$\sqrt{10n}$	$\sqrt[3]{n}$
1	1	1	1.0000	3.1623	1.0000	51	2601	132651	7.1414	22.5832	3.7084
2	4	8	1.4142	4.4721	1.2599	52	2704	140608	7.2111	22.8035	3.7325
3	9	27	1.7321	5.4772	1.4422	53	2809	148877	7.2801	23.0217	3.7563
4	16	64	2.0000	6.3246	1.5874	54	2916	157464	7.3485	23.2379	3.7798
5	25	125	2.2361	7.0711	1.7100	55	3025	166375	7.4162	23.4521	3.8030
6	36	216	2.4495	7.7460	1.8171	56	3136	175616	7.4833	23.6643	3.8259
7	49	343	2.6458	8.3666	1.9129	57	3249	185193	7.5498	23.8747	3.8485
8	64	512	2.8284	8.9443	2.0000	58	3364	195112	7.6158	24.0832	3.8709
9	81	729	3.0000	9.4868	2.0801	59	3481	205379	7.6811	24.2899	3.8930
10	100	1000	3.1623	10.0000	2.1544	60	3600	216000	7.7460	24.4949	3.9149
11	121	1331	3.3166	10.4881	2.2240	61	3721	226981	7.8102	24.6982	3.9365
12	144	1728	3.4641	10.9545	2.2894	62	3844	238328	7.8740	24.8998	3.9579
13	169	2197	3.6056	11.4018	2.3513	63	3969	250047	7.9373	25.0998	3.9791
14	196	2744	3.7417	11.8322	2.4101	64	4096	262144	8.0000	25.2982	4.0000
15	225	3375	3.8730	12.2474	2.4662	65	4225	274625	8.0623	25.4951	4.0207
16	256	4096	4.0000	12.6491	2.5198	66	4356	287496	8.1240	25.6905	4.0412
17	289	4913	4.1231	13.0384	2.5713	67	4489	300763	8.1854	25.8844	4.0615
18	324	5832	4.2426	13.4164	2.6207	68	4624	314432	8.2462	26.0768	4.0817
19	361	6859	4.3589	13.7840	2.6684	69	4761	328509	8.3066	26.2679	4.1016
20	400	8000	4.4721	14.1421	2.7144	70	4900	343000	8.3666	26.4575	4.1213
21	441	9261	4.5826	14.4914	2.7589	71	5041	357911	8.4261	26.6458	4.1408
22	484	10648	4.6904	14.8324	2.8020	72	5184	373248	8.4853	26.8328	4.1602
23	529	12167	4.7958	15.1658	2.8439	73	5329	389017	8.5440	27.0185	4.1793
24	576	13824	4.8990	15.4919	2.8845	74	5476	405224	8.6023	27.2029	4.1983
25	625	15625	5.0000	15.8114	2.9240	75	5625	421875	8.6603	27.3861	4.2172
26	676	17576	5.0990	16.1245	2.9625	76	5776	438976	8.7178	27.5681	4.2358
27	729	19683	5.1962	16.4317	3.0000	77	5929	456533	8.7750	27.7489	4.2543
28	784	21952	5.2915	16.7332	3.0366	78	6084	474552	8.8318	27.9285	4.2727
29	841	24389	5.3852	17.0294	3.0723	79	6241	493039	8.8882	28.1069	4.2908
30	900	27000	5.4772	17.3205	3.1072	80	6400	512000	8.9443	28.2843	4.3089
31	961	29791	5.5678	17.6068	3.1414	81	6561	531441	9.0000	28.4605	4.3267
32	1024	32768	5.6569	17.8885	3.1748	82	6724	551368	9.0554	28.6356	4.3445
33	1089	35937	5.7446	18.1659	3.2075	83	6889	571787	9.1104	28.8097	4.3621
34	1156	39304	5.8310	18.4391	3.2396	84	7056	592704	9.1652	28.9828	4.3795
35	1225	42875	5.9161	18.7083	3.2711	85	7225	614125	9.2195	29.1548	4.3968
36	1296	46656	6.0000	18.9737	3.3019	86	7396	636056	9.2736	29.3258	4.4140
37	1369	50653	6.0828	19.2354	3.3322	87	7569	658503	9.3274	29.4958	4.4310
38	1444	54872	6.1644	19.4936	3.3620	88	7744	681472	9.3808	29.6648	4.4480
39	1521	59319	6.2450	19.7484	3.3912	89	7921	704969	9.4340	29.8329	4.4647
40	1600	64000	6.3246	20.0000	3.4200	90	8100	729000	9.4868	30.0000	4.4814
41	1681	68921	6.4031	20.2485	3.4482	91	8281	753571	9.5394	30.1662	4.4979
42	1764	74088	6.4807	20.4939	3.4760	92	8464	778688	9.5917	30.3315	4.5144
43	1849	79507	6.5574	20.7364	3.5034	93	8649	804357	9.6437	30.4959	4.5307
44	1936	85184	6.6332	20.9762	3.5303	94	8836	830584	9.6954	30.6594	4.5468
45	2025	91125	6.7082	21.2132	3.5569	95	9025	857375	9.7468	30.8221	4.5629
46	2116	97336	6.7823	21.4476	3.5830	96	9216	884736	9.7980	30.9839	4.5789
47	2209	103823	6.8557	21.6795	3.6088	97	9409	912673	9.8489	31.1448	4.5947
48	2304	110592	6.9282	21.9089	3.6342	98	9604	941192	9.8995	31.3050	4.6104
49	2401	117649	7.0000	22.1359	3.6593	99	9801	970299	9.9499	31.4643	4.6261
50	2500	125000	7.0711	22.3607	3.6840	100	1000	1000000	10.0000	31.6228	4.6416

6 三角関数表

角	正弦 (sin)	余弦 (cos)	正接 (tan)	角	正弦 (sin)	余弦 (cos)	正接 (tan)
0°	0.0000	1.0000	0.0000	45°	0.7071	0.7071	1.0000
1°	0.0175	0.9998	0.0175	46°	0.7193	0.6947	1.0355
2°	0.0349	0.9994	0.0349	47°	0.7314	0.6820	1.0724
3°	0.0523	0.9986	0.0524	48°	0.7431	0.6691	1.1106
4°	0.0698	0.9976	0.0699	49°	0.7547	0.6561	1.1504
5°	0.0872	0.9962	0.0875	50°	0.7660	0.6428	1.1918
6°	0.1045	0.9945	0.1051	51°	0.7771	0.6293	1.2349
7°	0.1219	0.9925	0.1228	52°	0.7880	0.6157	1.2799
8°	0.1392	0.9903	0.1405	53°	0.7986	0.6018	1.3270
9°	0.1564	0.9877	0.1584	54°	0.8090	0.5878	1.3764
10°	0.1736	0.9848	0.1763	55°	0.8192	0.5736	1.4281
11°	0.1908	0.9816	0.1944	56°	0.8290	0.5592	1.4826
12°	0.2079	0.9781	0.2126	57°	0.8387	0.5446	1.5399
13°	0.2250	0.9744	0.2309	58°	0.8480	0.5299	1.6003
14°	0.2419	0.9703	0.2493	59°	0.8572	0.5150	1.6643
15°	0.2588	0.9659	0.2679	60°	0.8660	0.5000	1.7321
16°	0.2756	0.9613	0.2867	61°	0.8746	0.4848	1.8040
17°	0.2924	0.9563	0.3057	62°	0.8829	0.4695	1.8807
18°	0.3090	0.9511	0.3249	63°	0.8910	0.4540	1.9626
19°	0.3256	0.9455	0.3443	64°	0.8988	0.4384	2.0503
20°	0.3420	0.9397	0.3640	65°	0.9063	0.4226	2.1445
21°	0.3584	0.9336	0.3839	66°	0.9135	0.4067	2.2460
22°	0.3746	0.9272	0.4040	67°	0.9205	0.3907	2.3559
23°	0.3907	0.9205	0.4245	68°	0.9272	0.3746	2.4751
24°	0.4067	0.9135	0.4452	69°	0.9336	0.3584	2.6051
25°	0.4226	0.9063	0.4663	70°	0.9397	0.3420	2.7475
26°	0.4384	0.8988	0.4877	71°	0.9455	0.3256	2.9042
27°	0.4540	0.8910	0.5095	72°	0.9511	0.3090	3.0777
28°	0.4695	0.8829	0.5317	73°	0.9563	0.2924	3.2709
29°	0.4848	0.8746	0.5543	74°	0.9613	0.2756	3.4874
30°	0.5000	0.8660	0.5774	75°	0.9659	0.2588	3.7321
31°	0.5150	0.8572	0.6009	76°	0.9703	0.2419	4.0108
32°	0.5299	0.8480	0.6249	77°	0.9744	0.2250	4.3315
33°	0.5446	0.8387	0.6494	78°	0.9781	0.2079	4.7046
34°	0.5592	0.8290	0.6745	79°	0.9816	0.1908	5.1446
35°	0.5736	0.8192	0.7002	80°	0.9848	0.1736	5.6713
36°	0.5878	0.8090	0.7265	81°	0.9877	0.1564	6.3138
37°	0.6018	0.7986	0.7536	82°	0.9903	0.1392	7.1154
38°	0.6157	0.7880	0.7813	83°	0.9925	0.1219	8.1443
39°	0.6293	0.7771	0.8098	84°	0.9945	0.1045	9.5144
40°	0.6428	0.7660	0.8391	85°	0.9962	0.0872	11.4301
41°	0.6561	0.7547	0.8693	86°	0.9976	0.0698	14.3007
42°	0.6691	0.7431	0.9004	87°	0.9986	0.0523	19.0811
43°	0.6820	0.7314	0.9325	88°	0.9994	0.0349	28.6363
44°	0.6947	0.7193	0.9657	89°	0.9998	0.0175	57.2900
45°	0.7071	0.7071	1.0000	90°	1.0000	0.0000	—

重　要　用　語

【あ】

安　定 …………………………………161
圧縮応力度 ……………………127, 156
鉛直反力 ………………………………42
重　さ …………………………………16
応　力 ……………………………40, 41
応力図 …………………………………45
応力度 ………………………………126

【か】

外　力 …………………………………40
片持ち梁 ………………………………41
片持ち梁形ラーメン …………………79
重ね合わせの原理 ……………………55
重ね梁 ………………………………107
荷　重 ……………………………10, 40
仮想仕事法 ……………………142, 164
仮想外力 ……………………………142
強　軸 ………………………………123
許容応力度 …………………………150
構造全体の剛性マトリックス ……185
剛節点 ……………………………8, 81
剛接合 …………………………………8
剛性方程式 …………………………184
剛性マトリックス …………………184
剛性マトリックス法 ………………183
剛　度 ………………………………168
剛　比 ………………………………168
合　力 …………………………………18
固定端 ……………………………9, 41
固定端モーメント（FEM） ……169, 176
固定法 ………………………………176

【さ】

3支端ラーメン ………………………96
3ヒンジラーメン ……………………98
最外縁 ………………………………121
最大せん断応力度の形状係数 ……130
座　屈 ………………………………156
示力図 …………………………………21
質　量 …………………………………16
自由端 …………………………………41
集中荷重 ………………………………11
軸変形 …………………………44, 132
軸　力 …………………………………44
主　軸 ………………………………123
弱　軸 ………………………………123
軸応力度 ……………………………127
水平反力 ………………………………42
図解法 …………………………………19
図　心 ………………………………111
垂直応力度 …………………………126
静定構造物 ………………13, 40, 160
静定トラス …………………………101
節点角 ………………………………168
節点法 …………………………101, 102
切断法 …………………………101, 105
せん断力 ………………………………48
せん断変形 ……………………………48
せん断変形用の形状係数 …………136
せん断応力度 …………………126, 130
せん断弾性係数 ……………………136

【た】

単純梁 …………………………………68
単純梁形ラーメン ……………………90

縦弾性係数 ……………………………127
たわみ ………………………………133
たわみ角 ……………………………133
たわみ角法……………………160, 168
たわみの公式 ………………………135
弾性曲線式 …………………………137
弾性設計法 …………………………150
弾性座屈（オイラー座屈）…………156
断面一次モーメント ………………111
断面極二次モーメント ……………123
断面主二次モーメント ……………123
断面相乗モーメント ………………123
断面二次モーメント ………………115
断面係数 ……………………………121
力 ………………………………………16
力の合成………………………………18
力の3要素……………………………16
力のつり合い…………………………27
力のつり合い条件式……………30, 31
力の分解………………………………18
力の平行四辺形………………………21
力のモーメント………………………24
力のモーメントの距離………………25
調整剛性マトリックス ……………185
つり合い条件…………………………40
つり合い条件式………………………43
つり合い系………………………40, 43
到達モーメント（C）………………176
等変分布荷重…………………………38
等分布荷重………………………11, 37
トラス構造………………………12, 101

【な】

N, kN …………………………………16

【は】

はね出し梁 …………………………107
ばね定数 ……………………………183
バリニオンの定理……………………26

判別式 ………………………………161
反　力 …………………………9, 40, 41
ピン接合 ………………………………8
ピン接点 ………………………………8
ヒンジ …………………………………8
ピン端 …………………………… 9, 68
ひずみ度 ……………………………127
不安定 ………………………………161
部　材 …………………………………7
部材角 ………………………………168
不静定構造物 …………………13, 160
不静定次数 …………………………161
不静定ラーメンの解法の特徴 ……160
不静定力 ……………………………164
縁応力度 ……………………………129
分割モーメント（D）………………176
分割率（DF）………………………176
分布荷重………………………………10
分　力 …………………………………18
ベクトルの性質………………………23
ベクトルの種類：フリー・ベクトル……17
　　　　　　スライディング・ベクトル……17
　　　　　　フィックスド・ベクトル……17

【ま】

曲げモーメント………………………48
曲げ変形…………………………48, 133
曲げ応力度………………………128, 129
曲げ剛性 ……………………………133
モーメント………………………24, 42
モーメント荷重…………………10, 11
モールの定理 ………………………140
門形ラーメン…………………………93

【や】

ヤング係数（ヤング率）……………127

【ら】

ラーメン骨組…………………………79
ローラー端………………………9, 68

【監修】 小西　敏正（Toshimasa KONISHI）
　　　　1967 年　東京工業大学理工学部建築学科卒業
　　　　1990 年　宇都宮大学工学部建設学科教授
　　　　2009 年　宇都宮大学名誉教授
　　　　現　在　札幌市立大学　特任教授
　　　　　　　　工学博士，一級建築士，インテリアプランナー

【執筆】 山田　丈富（Tomohisa YAMADA）
　　　　1981 年　東京工業大学大学院理工学研究科
　　　　　　　　修士課程建築学専攻修了
　　　　現　在　千葉工業大学教授　博士（工学），一級建築士

　　　　大貫　愛子（Aiko ONUKI）
　　　　2001 年　宇都宮大学工学部建設学科建築学コース卒業
　　　　現　在　設計工房 TESORO 代表，博士（工学），
　　　　　　　　一級建築士

【イラスト】 鈴木　洋子（Yohko SUZUKI）
　　　　現　在　一級建築士事務所　鈴木アトリエ

初めて学ぶ　建築構造力学

2013 年 2 月 15 日　初 版 発 行
2014 年 2 月 10 日　初版第 2 刷

監　修	小　西　敏　正	
執　筆	山　田　丈　富	
	大　貫　愛　子	
発行者	澤　崎　明　治	

（印　刷）中央印刷　　（製　本）矢嶋製本

発行所　株式会社　市ヶ谷出版社
　　　　東京都千代田区五番町 5 番地
　　　　電話　03―3265―3711（代）
　　　　FAX　03―3265―4008
　　　　http://www.ichigayashuppan.co.jp

© 2013　　ISBN 978-4-87071-136-5